Édition : Sophie Aumais
Graphisme : Olivier Cochard
Photographie : Marjorie Guindon
Assistance à la photographie : Audrey Belval
  et Simon Lecouturier
Stylisme : Karine Blackburn
Maquilleuses : Jacinthe Benoit
  et Martine L'Heureux
Vêtements : Meemoza et Lait de Poule
Illustrations : Justine Bourguignon-Tétreault
  et Olivier Cochard
Infographie : Nicole Lafond
Révision : Sylvie Massariol

Catalogage avant publication de Bibliothèque et
Archives nationales du Québec et Bibliothèque et
Archives Canada

Beaupré, Marie, auteur

  À fleur de pots : petit grimoire des cosmétiques
maison des Trappeuses / Marie Beaupré, Mariane
Gaudreau, Audrey Woods.

  Comprend des références bibliographiques.

  ISBN 978-2-7619-5112-8

  1. Peau - Soins et hygiène. 2. Face - Soins et
hygiène. 3. Cheveux - Soins et hygiène. I. Gaudreau,
Mariane, 1985-, auteur. II. Woods, Audrey, 1984-,
auteur. III. Titre.

RL87.B42 2018   646.7'2   C2018-942136-3

09-18

Imprimé au Canada

Dépôt légal : 2018
Bibliothèque et Archives nationales du Québec

ISBN (version papier) 978-2-7619-5112-8
ISBN (version numérique) 978-2-7619-5141-8

DISTRIBUTEURS EXCLUSIFS :

Pour le Canada et les États-Unis :
MESSAGERIES ADP inc.*
Téléphone : 450-640-1237
Internet : www.messageries-adp.com
* filiale du Groupe Sogides inc.,
  filiale de Québecor Média inc.

Pour la France et les autres pays :
INTERFORUM editis
Téléphone : 33 (0) 1 49 59 11 56/91
Service commandes France Métropolitaine
Téléphone : 33 (0) 2 38 32 71 00
Internet : www.interforum.fr
Service commandes Export – DOM-TOM
Internet : www.interforum.fr
Courriel : cdes-export@interforum.fr

Pour la Suisse :
INTERFORUM editis SUISSE
Téléphone : 41 (0) 26 460 80 60
Internet : www.interforumsuisse.ch
Courriel : office@interforumsuisse.ch
Distributeur : OLF S.A.
Commandes :
Téléphone : 41 (0) 26 467 53 33
Internet : www.olf.ch
Courriel : information@olf.ch

Pour la Belgique et le Luxembourg :
INTERFORUM BENELUX S.A.
Téléphone : 32 (0) 10 42 03 20
Internet : www.interforum.be
Courriel : info@interforum.be

Gouvernement du Québec – Programme de crédit
d'impôt pour l'édition de livres – Gestion SODEC –
www.sodec.gouv.qc.ca

L'Éditeur bénéficie du soutien de la Société de
développement des entreprises culturelles du Québec
pour son programme d'édition.

Conseil des Arts   Canada Council
du Canada   for the Arts

Nous remercions le Conseil des Arts du Canada de
l'aide accordée à notre programme de publication.

Financé par le gouvernement du Canada
Funded by the Government of Canada   Canadä

Nous reconnaissons l'aide financière du gouvernement
du Canada par l'entremise du Fonds du livre du Canada
pour nos activités d'édition.

PETIT GRIMOIRE
DES COSMÉTIQUES MAISON
des TRɑPPEUSES

à fleur de pots

Marie Beaupré,
Mariane Gaudreau
et Audrey Woods

LES ÉDITIONS DE
L'HOMME
Une société de Québecor Média

Sommaire

Chapitre 3
Baby steps *dans le monde du «fait soi-même»*

Chapitre 4
Soins cosmétiques minimalistes

Chapitre 5

Avant-propos

Les Trappeuses…
ça mange quoi en hiver ?

Les Trappeuses est un blogue collaboratif, entièrement féminin, né d'un désir d'inspirer les gens à consommer plus sainement et intelligemment. Il s'agit d'une des plus importantes plateformes web écoresponsables de la francophonie. Le blogue a pour mission de faire découvrir divers modes de consommation responsable (zéro déchet, locavorisme, zéro gaspillage, minimalisme, végéta*isme, entre autres) en partageant trouvailles, recettes, trucs et astuces.

La réputation des Trappeuses repose surtout sur l'accessibilité et la qualité de leurs recettes de produits corporels simples, inspirées de l'herboristerie et des connaissances traditionnelles. Véritables sorcières des temps modernes, elles ont su, dès les balbutiements de leur projet en 2014, gagner la confiance de leur lectorat par leur rigueur scientifique, leur ton léger et leur approche non culpabilisante. Les Trappeuses offrent une belle porte d'entrée vers un mode de vie à saveur «grano-chic», pour toutes les personnes qui souhaitent réduire leur empreinte écologique, un petit geste à la fois.

Qui sont les filles derrière Les Trappeuses ? Marie Beaupré, Mariane Gaudreau et Audrey Woods sont des femmes des bois (et de ville !) bien de leur temps. Elles ne parcourent pas la forêt pour y trapper des animaux, loin de là, mais fouillent plutôt l'internet et les livres à la recherche d'idées écolos et de savoirs ancestraux, pour ensuite les partager à leur sauce féministe et humoristique. Mi-sorcières, mi-vulgarisatrices, les trois jeunes femmes offrent surtout des recettes de cosmétiques et de remèdes maison accessibles pour la femme moderne qui ne désire pas se compliquer la vie.

Récemment, Les Trappeuses ont aussi lancé leur boutique en ligne, Les Mauvaises Herbes. On y trouve des plantes médicinales, des matières premières pour la fabrication de cosmétiques maison ainsi qu'une foule d'accessoires durables et de produits pour mettre en pratique un mode de vie simple et à faible impact sur l'environnement.

lestrappeuses.ca   les-mauvaisesherbes.com

les TRaPPEUSES

Marie

Après avoir enchaîné les déménagements, Marie est retournée vivre dans sa région natale, les Cantons-de-l'Est. Détentrice d'un baccalauréat en écologie et amante de la nature depuis toujours, elle a bifurqué vers le monde communautaire et œuvre maintenant à titre de directrice générale d'un organisme sans but lucratif de développement rural. Elle développe des projets structurants pour sa région de jour, et des recettes ou des articles pour Les Trappeuses de soir. Passionnée et «pas arrêtable», Marie est toujours convaincue qu'elle peut tout faire elle-même, ce qui facilite sa transition vers un mode de vie plus simple et écologique.

Mariane

Mariane a grandi dans le petit village de Cacouna, dans le Bas-Saint-Laurent. En 2012, elle a entamé des études de 3e cycle en archéologie. Elle se passionne pour la recherche collaborative qui vise à intégrer les sciences autochtones et occidentales dans le but de produire des connaissances plus riches et diversifiées. Son parcours universitaire l'a amenée à découvrir la grande richesse des plantes médicinales. Depuis, elle en mange (littéralement) ! Sa préoccupation pour la pérennité de l'environnement la motive à adopter un mode de vie en accord avec ses valeurs, soit un mélange de pratiques zéro déchet et d'alimentation végé.

Audrey

Originaire de Sainte-Rose (Laval), Audrey s'émerveille devant tout ce qu'offre la nature. Sa maîtrise en anthropologie et son travail en archéologie, en plus de lui faire découvrir la voracité des mouches de la forêt boréale, lui ont permis d'entrer en contact avec différentes connaissances autochtones et européennes ancestrales. Ses expériences l'ont menée à développer un fort intérêt pour le fait main. Audrey aime créer des recettes (particulièrement les chasse-moustique, ha ! ha !). Son intérêt pour les plantes médicinales et les huiles essentielles ne cesse de grandir : sans rejeter la médecine occidentale, elle adore apprendre et profiter des propriétés guérissantes des plantes.

Note : Étant donné la prédominance féminine du lectorat des Trappeuses, les auteures ont choisi l'emploi du féminin dans ce livre.

Introduction

La fabrication maison de produits pour le corps est en pleine croissance au Québec. Répondant aux besoins particuliers de plusieurs modes de consommation responsable – tels que la consommation de produits locaux, la réduction des déchets à la source, la diminution des possessions matérielles et le véganisme (le refus de l'exploitation animale) –, le DIY (*Do It Yourself* ou «fait soi-même») représente une belle avenue pour les personnes qui cherchent des solutions de rechange aux produits industriels et qui souhaitent diminuer leur consommation en général. Fabriquer ses cosmétiques permet de réduire son empreinte écologique, de s'assurer que les produits dont on s'enduit le corps sont sécuritaires et, par la bande, d'économiser. C'est aussi une belle manière de renouer avec un monde de connaissances ancestrales par l'utilisation des plantes médicinales et l'apprentissage des savoir-faire d'antan (*wink wink,* savon de pays!).

Notre livre se veut une sorte de petit grimoire moderne: une introduction au merveilleux monde de la fabrication de produits de soin maison, sous un angle minimaliste et zéro déchet. Il est construit autour de l'idée qu'avec une douzaine d'ingrédients de base seulement (dont la plupart peuvent s'acheter en vrac, et près de la moitié se trouve fort probablement déjà dans votre garde-manger!), il est possible de fabriquer la quasi-entièreté de son armoire de toilette. Fidèles à notre style, nous vous proposons de fabriquer vos cosmétiques, sans vous casser le bécik: des recettes simples, sans flafla et accessibles, tant aux néophytes qu'aux habituées des cosmétiques maison.

Ici, vous ne vous égarerez pas dans un livre de 300 recettes aux ingrédients spécialisés. Notre approche met plutôt de l'avant la polyvalence et l'autonomie en proposant des canevas de recettes que vous pourrez ensuite personnaliser selon vos besoins. Saviez-vous qu'un même canevas peut à la fois servir de sérum pour le visage, d'huile corporelle et d'huile capillaire? Oui, oui! C'est en approfondissant vos connaissances sur les propriétés des différents ingrédients que vous pourrez adapter nos canevas à vos besoins particuliers (par exemple, pour concevoir un soin visage pour peau mature ou une huile pour cheveux secs).

Ce petit guide vous permet non seulement de développer votre autonomie en matière de fabrication de cosmétiques simples, mais aussi d'aiguiser votre esprit critique et de réévaluer vos propres besoins en matière de soins cosmétiques.

On vous guide pas à pas !

Dans le chapitre 1, on répond à toutes celles qui se demandent pourquoi se donner l'trouble de fabriquer ses cosmétiques, alors même que les tablettes des grandes surfaces en sont bien remplies! Oui, c'est en partie parce qu'on aime vraiment ça, ha! ha! Mais, croyez-nous, nul besoin de partager une passion pour l'herboristerie pour se lancer dans le projet; les raisons écologiques, de santé et économiques suffisent!

Le chapitre 2 est la portion du livre où l'on vous dévoile les 12 ingrédients (ou catégories d'ingrédients) fétiches, avec leurs propriétés et leurs utilités. Ils vous permettront de réaliser toutes les recettes du chapitre 4. Pour chaque catégorie d'ingrédients, nous vous présenterons notre ingrédient chouchou, soit le plus polyvalent de sa catégorie.

Au chapitre 3, nous passons en revue tout (ou presque!) ce que vous devez savoir avant de vous lancer dans la fabrication de vos produits pour le corps. On y présente d'abord la nomenclature, soit les termes techniques du monde des cosmétiques, pour s'assurer d'être toutes sur la même longueur d'onde et ainsi rectifier quelques confusions répandues: onguent, beurre et baume sont-ils synonymes? Quelle est la différence entre une crème et un beurre? On présente ensuite un petit guide des outils nécessaires à la fabrication de vos produits maison, puis on conclut en vous signalant les principales «erreurs de débutante» et les pièges à éviter.

Le chapitre 4 plonge dans le vif du sujet. C'est ici que vous trouverez nos recettes de cosmétiques classés selon les parties du corps sur lesquelles ils sont utilisés (visage, corps et cheveux), puis selon la chronologie habituelle d'une routine de soin, c'est-à-dire nettoyer d'abord, protéger ensuite (par protéger, on entend hydrater et nourrir la peau). Or, retenez que certaines recettes font aussi office de canevas et que ces derniers peuvent être adaptés à toutes les sauces (ou presque).

Finalement, le chapitre 5 s'éloigne un peu de nos 12 ingrédients de base, mais apporte une belle complémentarité aux soins du chapitre 4, puisqu'on abordera le côté «pharmaceutique» des produits DIY. On y présente nos recettes classiques de dentifrice, de déodorant, de beurre de protection solaire, de chasse-moustiques, etc. On y dévoile aussi nos plantes médicinales préférées et on vous explique comment les transformer en remèdes polyvalents pour répondre aux p'tits maux de tous les jours. Sur ce, bonne lecture!

POURQUOI SE DONNER L'TROUBLE DE FaBRIQUER SES COSMÉTIQUES ?

**Tu sais que
tu es grano
quand…**
même un enfant
de deux ans
pourrait concocter
ton démaquillant.

On pourrait comparer la fabrication des produits corporels à la cuisine. Les nutrition-nistes nous répètent souvent de préparer nos repas à partir d'ingrédients sains et d'éviter autant que possible les produits transformés. Pourquoi serait-ce différent pour les cosmétiques ? N'y a-t-il pas une partie de ce qu'on se badigeonne qui finit absorbée par la peau ? Si on veut connaître le contenu de nos produits, ainsi que la qualité et la provenance de leurs ingrédients, la meilleure manière reste de prendre en main leur fabrication. Vous savez cuisiner un gâteau ? Vous avez déjà tout le talent nécessaire pour préparer votre premier beurre corporel. Juré craché !

Concrètement, il existe plusieurs avantages à fabriquer ses propres produits corporels. Les principaux sont la santé, l'environnement, l'autonomie et l'économie.

« Des cosmétiques ? Mais je me maquille même pas ! »

Cosmétique n'est pas synonyme de maquillage ! On appelle « cosmétique » tout produit que l'on applique sur notre corps, que ce soit du shampoing, du déodorant, du maquillage ou de la crème hydratante.

Raison n° 1 : pour savoir ce qu'on met sur notre peau

La femme occidentale moyenne appliquerait quotidiennement sur son corps – atta-chez votre tuque – 500 ingrédients différents ! Ce nombre peut sembler démesuré, mais un simple coup d'œil aux longues listes d'ingrédients des produits convention-nels (shampoing, revitalisant, démêlant à cheveux, savon, produit coiffant, nettoyant pour le visage, eau tonique, crème de jour, de nuit, contour des yeux, mascara, cache-cernes, rouge à lèvres...) suffit à nous faire douter de la pertinence de tous ces ingrédients... et de tous ces produits !

Loin de nous l'idée de sombrer dans un discours alarmiste et de diaboliser les cosmétiques conventionnels. Mais il devient de plus en plus difficile d'ignorer, dans les produits cosmétiques industriels – y compris ceux dits «naturels» –, la présence d'un nombre inquiétant d'ingrédients montrés du doigt par plusieurs organismes liés à l'environnement et à la santé, dont la Fondation David Suzuki et l'Environmental Working Group. Pourquoi? Parce que l'innocuité de la majorité des ingrédients qui composent les produits conventionnels n'a pas encore été démontrée, et qu'on ignore leurs impacts à long terme sur la santé humaine, mais aussi sur celle de l'environnement et de la faune sauvage. Parce que, oui, tout ce qu'on met sur notre corps finit nécessairement dans le drain de la douche et dans nos cours d'eau!

Sachant que la peau et les muqueuses absorbent un pourcentage important des produits qu'on applique sur soi, on ne devrait se nettoyer et s'hydrater qu'avec des ingrédients bons pour la santé. Évidemment, ce qui est bon pour la peau n'est pas forcément bon à consommer: on ne suggère à personne de badigeonner ses *toasts* de déo maison en cas de pénurie de beurre, mais vous comprenez quand même l'idée!

«Chimique et toxique: même chose?»

Eh non! L'expression « produit chimique » est souvent utilisée à tort pour désigner des produits ou des ingrédients toxiques. Une petite rectification est de mise pour redonner à ce terme galvaudé son véritable sens.

Sachez que tout dans l'environnement est composé d'éléments chimiques: le sel, l'eau, vos pommes bios, votre chat, vous-même. De même, il ne faut pas croire que tous les produits ou ingrédients chimiques préparés en laboratoire sont toxiques. Le bicarbonate de soude se fait rare en titi dans l'environnement, hé! hé! Inversement, tous les produits naturels ne s'avèrent pas nécessairement « santé » ou sécuritaires. Aux dernières nouvelles, le pétrole est un produit naturel. Hum.

Plus blanc que blanc... ou plus vert que vert!

Plus on s'intéresse aux produits corporels maison, plus on finit par aiguiser notre sens critique et par développer certains réflexes, comme notre radar à *greenwashing* (voir l'encadré ci-dessous). Beaucoup d'entreprises manquent malheureusement de transparence à ce sujet; certaines vont même jusqu'à employer des méthodes pas très honnêtes pour duper les consommateurs en leur faisant croire que leurs produits sont écologiques. Ouache.

Il suffit de passer deux minutes dans la rangée des shampoings de votre pharmacie favorite pour prendre conscience de l'ampleur du phénomène: beurre de karité par-ci, huile de coco et d'argan par-là. Oui, ce sont des ingrédients naturels et, oui, ils entrent bel et bien dans la composition de certains de ces cosmétiques, mais souvent dans de très faibles proportions. Mmfff...

Dans une société de plus en plus conscientisée à la cause environnementale – mais toujours aussi surconsommatrice –, le *greenwashing* est devenu une stratégie répandue pour nous faire acheter toujours plus, malgré notre désir d'un monde plus vert. Ce n'est pas parce qu'une entreprise dit utiliser du beurre de cacao et que son emballage verdoie telle une pomme Granny Smith que son produit est réellement écoresponsable. En tout cas, pas si la liste des ingrédients de ce produit comporte une pléthore de mots se terminant par -hyde, -propyl et -paraben. Genre.

Alors on fait quoi pour ne pas se laisser berner? Comme en nutrition, on apprend à lire les étiquettes et à reconnaître les ingrédients douteux. L'idée n'est pas de partir en peur et de renoncer à tous les produits commerciaux ou de les démoniser, mais plutôt de savoir bien les sélectionner.

« Le greenwashing, quessé ça? »

Ce terme est une contraction de green *(vert) et de* brainwashing *(lavage de cerveau). Il s'agit d'une technique de marketing crapuleuse (oui, oui!) qui consiste à donner une image écoresponsable à des produits, alors qu'ils ne sont vraiment pas verts. Cette approche déculpabilise de façon malhonnête les consommateurs en leur donnant faussement bonne conscience. Les entreprises qui se servent de cette méthode investissent habituellement l'argent dans la publicité et l'image, bien avant d'opérer de réels changements dans leurs produits, services ou fabrication. Ar-ke.*

Douze ingrédients
pas propres propres à éviter*

BHA et BHT

Ces beaux agencements de lettres désignent en fait des additifs utilisés comme agents conservateurs, principalement dans les produits hydratants et le maquillage. En plus d'être nocifs pour la faune, on les suspecte d'interférer avec les fonctions hormonales et d'être cancérigènes.

COLORANTS DÉRIVÉS DU GOUDRON

On les trouve sous le nom de p-phénylènediamine ou souvent sous l'appellation CI suivie de cinq chiffres. Régulièrement utilisés dans les teintures capillaires ou le rouge à lèvres, ils pourraient être cancérigènes et contenir des métaux lourds. *Soupir*

DEA, MEA, TEA et COMPAGNIE

Substances utilisées comme émulsifiants et agents moussants, notamment dans les produits tels le shampoing, les nettoyants pour le corps ainsi que le maquillage. Ces «sympathiques» ingrédients peuvent interagir avec d'autres pour former des sous-produits cancérigènes. Ils sont aussi nocifs pour la faune.

FRAGRANCE / PARFUM

Ce mélange de substances chimiques, présent dans plus de 80% des produits sur le marché, se compose en grande partie de phtalates et de muscs synthétiques, réputés comme perturbateurs endocriniens, en plus de s'accumuler dans les fonds marins. Tout ça pour donner une odeur de pomme à votre savon à main.

LAURYLSULFATE DE SODIUM (SLS)

Ingrédient moussant, on le trouve, entre autres, dans les shampoings, dentifrices, savons et gels moussants. Cet additif peut contenir du 1,4-dioxane et de l'oxyde d'éthylène, deux composés potentiellement cancérigènes.

LIBÉRATEURS DE FORMALDÉHYDE

Ils peuvent porter différents noms: DMDM hydantoïne, diazolidinylurée, imidazolidinylurée, méthénamine et quarternium-15. Ahhh... du formol à petite dose, qui n'en rêve pas? Ah oui: le formaldéhyde serait une substance cancérigène, en passant.

PARABÈNES

Les parabènes sont des agents de conservation qui ont la capacité de s'infiltrer dans l'organisme par l'épiderme. Les p'tits maudits. Certains types de parabènes dont se sert l'industrie cosmétique sont reconnus comme étant des perturbateurs endocriniens. Des études démontrent aussi que le méthylparabène, à une concentration cosmétique standard, accélère le vieillissement cutané et augmente les dommages subis par l'ADN si la peau est exposée au soleil. Su-per.

ATTENTION ! *En raison de leur mauvaise presse, les parabènes sont parfois remplacés par le méthylisothiazolinone, de la famille des isothiazolinones, de puissants allergènes pouvant causer de l'hypersensibilité au contact de la peau ! On s'en sort pas.*

PÉTROLATUM (ou gelée de pétrole)

Sous-produit de l'industrie pétrolière qui entre souvent dans la confection des crèmes hydratantes, des baumes à lèvres, du rouge à lèvres, etc. En plus de provenir d'une industrie très moyenne sur le plan environnemental, il peut aussi contenir des impuretés cancérigènes. Non merci.

PHTALATES

Il s'en produit quelque trois millions de tonnes par an dans le monde... ... ... (on vous laisse le temps d'intégrer cette information). Les phtalates sont partout dans notre quotidien : cosmétiques, peintures, vêtements, jouets. Côté cosmétique, ils sont particulièrement fréquents dans les vernis à ongles. Hormis leur réputation de perturbateurs endocriniens, ils s'avèrent aussi toxiques pour l'appareil reproducteur, en plus de représenter une menace pour la biodiversité.

POLYÉTHYLÈNEGLYCOL (PEG)

Épaississant ou gélifiant à la base de nombreux produits cosmétiques. L'ingrédient pur n'est pas trop préoccupant à proprement parler. Le problème vient du fait qu'il est souvent contaminé de 1,4-dioxane et d'oxyde d'éthylène, deux composés potentiellement cancérigènes.

SILOXANES

Soyez vigilantes par rapport aux ingrédients se terminant par -siloxane et -cone. Les siloxanes sont utilisés principalement comme émollient, assouplissant et agent lissant. On en trouve dans les produits hydratants, le maquillage et les produits pour les cheveux. Considérés comme des perturbateurs endocriniens, ils sont donc préoccupants pour nos fonctions hormonales et pour la faune.

TRICLOSAN

Agent de conservation et antibactérien, cet additif est présent dans une large gamme de produits sur le marché : dentifrices, savons, désinfectants pour les mains, produits blanchissants pour les dents, crèmes à raser, déodorants / antisudorifiques. *Name it.* Persistant dans l'environnement, son impact sur le système hormonal a de quoi préoccuper.

---

* Cette liste est adaptée de « The Dirty Dozen cosmetic chemicals to avoid », Fondation David Suzuki, [en ligne], [https://davidsuzuki.org/queen-of-green/dirty-dozen-cosmetic-chemicals-avoid/].

Remplacer les 12 «pas propres propres» par 12 bons agents!

«Mais pourquoi ces ingrédients sont-ils encore utilisés malgré tous les drapeaux rouges?» vous demandez-vous. Eh bien, majoritairement en raison de leur moindre coût. Sont-ils indispensables? Absolument pas. Tous ces agents nocifs peuvent être remplacés par des substances naturelles aussi performantes tout en étant sécuritaires.

Vous pouvez reprendre vos esprits. Nos recettes font la part belle à 12 ingrédients ou catégories d'ingrédients bruts et simples (dont plusieurs proviennent directement de votre garde-manger) qui vous feront oublier la *dirty dozen* présentée ci-haut.

Connaissez-vous l'application Skin Deep® (maintenant regroupée sous l'application Healthy Living) de l'Environmental Working Group? C'est un outil indispensable pour connaître la sécurité des substances utilisées dans les cosmétiques. Vous n'avez qu'à y entrer le nom de l'ingrédient qui vous titille pour connaître sa cote! Cette appli dispose d'une pas pire base de données, alors parfois, on peut même trouver la cote générale d'un produit fini en scannant son code-barre ou en y entrant son nom. Profitez-en pour scanner certains produits d'épicerie, vous pourriez faire des trouvailles surprenantes!

Raison n° 2: pour la pérennité de l'environnement

Lorsqu'on prend un bain, une douche ou qu'on se lave les mains, les produits qu'on utilise prennent le chemin des conduites d'eau pour se rendre à l'usine de traitement des eaux. Dans le meilleur des mondes, les usines seraient suffisamment efficaces pour les traiter et éliminer tous les contaminants, mais ce n'est pas le cas (comme le démontre la présence des microbilles de plastique un peu partout dans les cours d'eau). Les ingrédients nocifs des cosmétiques conventionnels sont ensuite lâchés dans l'environnement, pour finir principalement dans les sédiments de plusieurs plans d'eau, ce qui affecte les milieux marins.

Cette réalité a des répercussions sur l'ensemble de la chaîne alimentaire, en raison du phénomène de bioaccumulation. Environnement Canada a reconnu les muscs synthétiques (qui composent la majorité des parfums et des fragrances utilisés dans la quasi-totalité des produits conventionnels) comme étant persistants dans l'environnement, bioaccumulables, toxiques et donc préoccupants pour la santé. Bam ! Et ce n'est qu'un exemple parmi bien d'autres.

Ainsi, le fait de fabriquer nos propres produits cosmétiques permet non seulement de diminuer notre production de déchets, mais aussi de réduire notre consommation globale. On se rend vite compte qu'au final, notre peau a besoin de bien peu pour être heureuse, et que plusieurs problèmes cutanés sont le résultat d'une surconsommation de produits agressants qui lui font perdre son équilibre.

« La bioaccumula… quoi ? »

La bioaccumulation est un phénomène basé sur la propriété qu'ont certaines substances de s'accumuler dans le corps des animaux (incluant l'être humain), généralement dans les tissus graisseux. Lorsqu'un animal se nourrit, il absorbe les polluants que contient sa proie. Plus on monte dans le réseau trophique, plus il y a de substances toxiques consommées et emmagasinées. C'est pour cela que les gros poissons, comme le thon (voire le requin !), contiennent des concentrations plus élevées en métaux lourds que les petits.

Raison n° 3 : pour s'émanciper

Fabriquer soi-même ses cosmétiques permet de s'affranchir des multinationales qui profitent de la surconsommation de produits «de beauté» pour nous dicter et contrôler ce qu'on met sur notre corps… tout en s'emplissant les poches. En 2017, les ventes au détail dans ce domaine dépassaient les quelque 400 milliards de dollars américains à l'échelle mondiale. Tchi-tching !

À travers les décennies, les connaissances ancestrales relatives à la santé du corps et de la peau ont malheureusement été égarées dans cette industrialisation. Au Québec, nos arrière-grands-mères, et leurs mères avant elles, fabriquaient leur savon (le fameux savon de pays!) à l'aide de cendres et de gras animal. Plusieurs savaient aussi comment préparer des onguents à base de saindoux et de plantes médicinales récoltées localement.

Si on remonte plus loin dans le temps, vers les débuts de la colonie, il n'était pas rare de voir dans les jardins des herbes médicinales (lavande, menthe poivrée, sauge, thym, grande camomille, etc.) pour soigner les maux du quotidien. En effet, les premiers colons européens ont apporté avec eux tout un bagage de connaissances ancestrales de l'Ancien Monde, qu'ils ont par la suite complétées avec le vaste savoir traditionnel autochtone sur l'utilisation de la flore locale. Rappelons que ce sont les Iroquoiens qui ont sauvé l'équipage de Jacques Cartier du scorbut lors de son premier hivernage en sol nord-américain, grâce à une décoction «[d]'escorce et [de] feuhles» d'annedda, un grand conifère local. La question demeure encore ouverte, à savoir s'il s'agit du thuya, du pin blanc ou de l'épinette blanche!

Qui dit émancipation, dit autonomie. On le répète: faire ses cosmétiques, c'est comme faire la cuisine. On aime toutes aller au resto une fois de temps en temps, mais quel plaisir que de concocter son propre gâteau au chocolat et d'y mettre tantôt un peu plus de crémage (menoum!), d'autres fois une petite touche de muscade, des noix ou des bleuets sauvages. C'est la même chose pour les cosmétiques: dès qu'on connaît les recettes de base, il n'y a pas de limites. Préparer ses produits, c'est un pas non seulement vers l'autonomisation, mais aussi vers la simplicité et le PLAISIR.

ATTENTION! *Concocter ses cosmétiques implique nécessairement un certain niveau d'engagement, puisqu'on prend en main les soins de sa peau. En assumant cette responsabilité (ou cette liberté, si vous voulez notre avis!), vous vous engagez à vous informer afin de fabriquer des soins sécuritaires, de qualité et qui répondent à VOS besoins. Vous êtes désormais la fabricante de vos propres produits! Cela dit, on ne le répétera jamais assez: informez-vous, encore et toujours!*

Notre petit grimoire renferme tout plein d'astuces et de conseils, mais nous n'avons pas la prétention de tout connaître ou de partager des recettes miracles qui répondront aux besoins de toutes. Ce serait impossible. Consultez des ouvrages d'aromathérapie et d'herboristerie pour savoir comment utiliser les huiles essentielles et les plantes, lisez les blogues d'artisans fabricants, etc. Dans les prochaines pages, nous vous offrirons des pistes, mais le but ultime de notre livre est de vous ouvrir la porte à l'autonomie! Et quand on devient autonome, on ne fait pas seulement qu'exécuter aveuglément des recettes trouvées à gauche et à droite, on les adapte et, éventuellement, on en invente!

Nos conseils: lisez des sources fiables (on vous en propose plein à la fin du livre), fouillez le web, vérifiez et critiquez vos sources et leurs renseignements. C'est ce que tout bon chercheur fait! Vous dénichez une information insolite sur le web qui ferait bien votre affaire? Assurez-vous de trouver des sources qui l'appuient, mais aussi fouillez pour voir si d'autres sources ne la contrediraient pas. Ainsi, vous éviterez de mettre de l'huile essentielle de cannelle dans votre recette de lubrifiant parce que vous avez lu cette suggestion douteuse quelque part sur l'internet (à ne pas faire *by the way!*)...

Au final, reprendre les rênes de sa routine de soins, c'est en quelque sorte redonner de la valeur à notre patrimoine de connaissances. C'est aussi restituer la place à un savoir qui jadis était détenu surtout par les femmes. Un peu comme des sorcières des temps modernes, on cherche, à contre-courant, à s'affranchir de l'hégémonie des grandes compagnies de cosmétiques, à redécouvrir la valeur des plantes, des ingrédients sains et naturels. Comme le dit le vieil adage, on n'est jamais mieux servie que par soi-même.

Raison n° 4 : pour économiser

Pour Les Trappeuses, réaliser des économies ne se présente pas comme une motivation principale, mais plutôt comme un petit bonus... qui n'est pas de refus dans ce monde où tout coûte de plus en plus cher. #AllôFacturesDeTéléphonie La question économique dépend de votre consommation antérieure. Si vous consommiez des produits de pharmacie standards, vous trouverez probablement que les produits naturels maison sont plus onéreux à produire. Par contre, si vous aviez l'habitude de greyer votre armoire de toilette de produits haut de gamme, vous réaliserez de belles économies à faire vous même vos cosmétiques, et ce, sans renoncer à la qualité. Au contraire!

À titre indicatif, un déodorant maison coûte moins de 1,50 $, alors qu'un déo conventionnel peut coûter jusqu'à 7 $ en pharmacie. La preuve :

3 c. à soupe d'huile de coco : 0,80 $
2 c. à soupe de bicarbonate de soude : 0,10 $
2 c. à soupe de fécule : 0,10 $
Huiles essentielles : 0,20 à 0,30 $

En plus d'être peu coûteuse, cette recette dure des lunes (environ 6 mois), contrairement à sa cousine de pharmacie dont la durée d'utilisation moyenne est de 2 mois. Les cosmétiques maison peuvent donc vraiment coûter des pinottes !

Trois façons de réaliser des économies

1. *En rentabilisant ses ingrédients*

Grâce à la polyvalence des ingrédients et des produits, on peut utiliser et réutiliser les mêmes ingrédients pour réaliser une panoplie de recettes. Notre investissement de départ se rentabilise assez rapidement quand on sait qu'avec de l'huile de coco, par exemple, on peut fabriquer un déo, du dentifrice, du baume à lèvres, un lubrifiant personnel, un beurre pour le corps, pis toute pis toute.

2. *En s'évitant des « problèmes »*

Les surfactants industriels (par exemple le SLS ; voir à la page 18) qui entrent dans la composition des shampoings, des nettoyants et des savons conventionnels finissent par briser l'équilibre de la peau ou des cheveux, en retirant trop de sébum, leur protection naturelle. S'ensuit un tango interminable d'épisodes de sécheresse et de phases de surproduction de sébum, qui résulte à son tour en un besoin de consommer des crèmes hydratantes et des lotions, tantôt pour peau sèche, tantôt pour peau grasse, ou des masques capillaires pour pointes cassées et du shampoing pour cuir chevelu gras. C'est le serpent qui se mord la queue ! Tout cela alors que le problème aurait pu être évité à la source par l'utilisation de produits plus doux qui n'agressent pas l'équilibre naturel de la peau ni des cheveux !

Si on se lavait le corps et les mains avec des savons artisanaux surgraissés d'huiles et de beurres végétaux de qualité, on n'aurait presque jamais besoin de leur appliquer de crème hydratante, même en hiver. Eh oui! L'utilisation de cosmétiques à base d'ingrédients doux et naturels permet donc de réduire la quantité de produits à utiliser.

3. En réduisant sa consommation

La fabrication de cosmétiques maison nous fait économiser parce qu'au bout d'un moment, on se rend compte que notre peau et nos cheveux n'ont pas besoin de grand-chose pour être heureux; seulement de bonnes choses! Vous n'êtes peut-être pas aussi autonome que votre chat en matière d'hygiène (ha! ha!), mais l'être humain n'a certainement pas évolué pour devoir s'appliquer des sérums pré-ci ou post-ça, des crèmes contour des yeux de jour, de nuit... d'après-midi, un coup parti? Fini les routines de soin à n'en plus finir, et bonjour la simplification!

Lorsqu'on prépare nos produits, on se sent naturellement beaucoup moins interpellées par les campagnes publicitaires. Nos choix sont davantage inspirés par nos besoins réels que par ceux créés par l'industrie cosmétique ou par le simple plaisir d'acheter sans cesse de nouveaux «petits soins pour la peau». Vous vous reconnaissez? Alors le fait de fabriquer vos produits viendra en quelque sorte apaiser ce réflexe compulsif. C'est un pas vers le minimalisme!

Vous voyez que ça vaut la peine de «se donner l'trouble»!

Pourquoi consommer des produits industriels quand les produits maison peuvent être aussi performants, sinon plus; qu'ils n'ont aucun impact négatif sur la santé humaine ni sur celle de l'environnement à court et à long termes; qu'ils nous permettent de nous émanciper et d'économiser? Avec la fabrication maison, *exit* les cochonneries et le superflu. *Finito.*

DE 500 INGRÉDIENTS à 12 !

**Tu sais que
tu es grano
quand…**
ton vinaigre de cidre
finit plus souvent
dans tes cheveux
que dans ta vinaigrette.

Vous avez bien lu. Toutes les recettes de ce livre, principalement celles présentées au chapitre 4, peuvent être réalisées avec la même douzaine d'ingrédients (ou catégories d'ingrédients). Cela dit, il s'agit d'une approche minimaliste : comme la peau et les cheveux sont des organes aux besoins variés, il est plutôt difficile d'offrir des recettes de cosmétiques universelles.

La majorité de nos ingrédients vedettes sont en fait des catégories (par exemple les huiles végétales) déclinables en plusieurs options (huile de tournesol, d'olive, de coco, etc.) pour vous permettre d'adapter nos recettes et nos canevas en fonction des effets spécifiques que vous souhaitez donner à votre produit (par exemple un baume antiride ou un onguent antidémangeaison).

Bonne nouvelle : près de la moitié des ingrédients de nos recettes se trouve fort probablement déjà dans votre garde-manger ! On vous invite aussi à privilégier les ingrédients bruts et biologiques, pour profiter pleinement de leurs propriétés. Évidemment, notre guide ne contient pas une liste exhaustive de toutes les substances possibles et imaginables pouvant être utilisées pour la préparation de vos cosmétiques ! On aurait pu parler du beurre de kokum ou encore des huiles de tamanu ou de babassu, mais on a privilégié, autant que possible, les ingrédients locaux, les plus accessibles et polyvalents. Une fois que vous serez passée maîtresse des cosmétiques DIY, rien ne vous empêchera de poursuivre vos recherches et de vous concocter de petits soins plus exotiques !

SANS PLUS TARDER, VOICI NOS 12 BONS AGENTS !

1. Les huiles végétales

Le corps produit naturellement du sébum, une substance huileuse qui s'apparente aux huiles végétales. Une production adéquate de sébum améliore la rétention de l'eau dans les cellules et prévient, du même coup, l'assèchement cutané. Les huiles végétales possèdent des propriétés nourrissantes, protectrices et émollientes, c'est-à-dire qu'elles adoucissent, calment et assouplissent la couche supérieure de la peau. Elles peuvent être utilisées pour compenser une carence en sébum. Bye-bye peau sèche !

Chaque huile possède des vertus et peut être choisie en fonction de vos besoins particuliers (par exemple réguler la production de sébum dans un cosmétique pour peau grasse ou acnéique). Et chaque huile, beurre et cire est doté d'un indice de comédogénicité (IC). Il est important d'en connaître la valeur afin d'utiliser ces ingrédients correctement.

En passant...

Le sébum,
ce bon vieux *chum* !

Le sébum est le film protecteur produit naturellement par la peau pour la protéger de la déshydratation et des éléments extérieurs qui pourraient lui nuire. Alors que l'industrie cosmétique s'évertue à lui donner mauvaise presse (bouh), on vous suggère plutôt de renouer d'amitié avec lui ! On a toutes déjà vécu, à un moment ou à un autre, les effets indésirables d'une surproduction de sébum. Bien qu'elle soit parfois liée à des situations hors de notre contrôle (par exemple un déséquilibre hormonal ou un changement de saison), la production excessive de sébum est trop souvent liée à notre routine de soin. Lorsqu'on lave son visage avec des produits trop forts, on «décape» en quelque sorte la peau en lui ôtant tout son sébum, la forçant alors à en produire davantage. C'est une belle spirale sans fin. Plus on a de sébum, plus on lave ; plus on lave, plus on produit de sébum. Le sébum est nécessaire et bénéfique ; avec une routine douce et naturelle, sa production retrouvera un équilibre et ne causera plus de problème. Yé !

«Comédogénici… quoi?»

L'indice de comédogénicité (IC) nous renseigne sur le potentiel d'obstruction d'un corps gras envers les pores de la peau, qui pourrait entraîner boutons et comédons (points noirs). En règle générale, on privilégie les ingrédients avec un IC de 0 à 2 sur le visage, et on réserve ceux avec un indice plus élevé pour une utilisation corporelle.

Indice de comédogénicité des corps gras*

Indice	Définition	Action sur le visage	Huiles, beurres et cires
0	non comédogène	ne bouche pas les pores	argan caméline carthame chanvre karité noisette tournesol
1	peu comédogène	risque minime de boucher les pores	candelilla framboise pépins de raisin ricin rose musquée
2	moyennement comédogène	ne bouche pas les pores chez la majorité des gens	abeille amande douce argousier avocat citrouille jojoba mangue noyau d'abricot olive
3	plutôt comédogène	bouche les pores chez plusieurs personnes	maïs soya
4	comédogène	bouche les pores chez la majorité des gens	cacao coco graines de carotte
5	très comédogène	bouche les pores	germe de blé

* Comme il n'existe pas de source unique pour l'indice de comédogénicité des corps gras, nous avons colligé les données de plusieurs sources afin de créer le tableau ci-dessus. Il ne faudrait pas voir les IC comme des cotes rigides, mais plutôt comme un guide pour vous aider dans le choix de vos ingrédients, selon votre propre type de peau. Plusieurs types de peau réagiront très bien aux IC 2, alors que d'autres ne pourront supporter que les huiles et les beurres non comédogènes. Tout est dans la peau qui reçoit le corps gras !

Les huiles classiques

HUILE DE CAMÉLINE (*Camelina sativa*) (IC 0)

L'huile de caméline calme les peaux irritées et atténue l'apparence des rides. C'est une huile sèche qui ne laisse pas de film gras sur la peau. Son petit plus : on en produit par chez nous.

ATTENTION ! *Achetez-en une petite quantité à la fois, car elle a tendance à rancir.*

Ses qualités : anti-inflammatoire et réparatrice.
Utile pour :
• les peaux sèches et matures ;
• les peaux sensibles.

HUILE DE CHANVRE (*Cannabis sativa L.*) (IC 0)

L'huile de chanvre nourrit en profondeur et prévient le dessèchement. Comme c'est une huile sèche, elle ne laisse pas de film gras sur la peau. Encore une fois, on la produit ici.

ATTENTION ! *Achetez-en une petite quantité à la fois, car elle a tendance à rancir.*

Ses qualités : très émolliente, notamment.
Utile pour :
• les peaux déshydratées ;
• les peaux sèches et matures.

HUILE DE COCO (*Cocos nucifera*) (IC 4)

Sa texture est solide à moins de 23-26 °C, mais elle fond au contact de la peau.
Ses qualités : nourrissante et adoucissante.

ATTENTION ! *En trop grande quantité dans les recettes, elle peut assécher la peau. Huile très polyvalente.*

Utile pour :
• les peaux déshydratées ;
• l'hygiène buccale (blanchit les dents, déloge la plaque et prévient les caries) ;
• lisser et contrôler les frisottis des cheveux.

HUILE D'OLIVE (*Olea europaea*) (IC 2)

La douceur de l'huile d'olive en fait un ingrédient de choix polyvalent (peau, cheveux, ongles).

Ses qualités : antioxydante, assouplissante et nourrissante.

Utile pour :

• les peaux irritées et sèches ;
• les peaux sensibles ;
• lisser et contrôler les frisottis des cheveux.

HUILE DE TOURNESOL (*Helianthus annuus*) (IC 0) ♥

Notre huile coup d'cœur, pour sa polyvalence et parce qu'elle ne bouche pas les pores de la peau. En plus, l'huile de tournesol est facilement accessible puisqu'elle est produite localement.

Ses qualités : antioxydante, particulièrement émolliente et réparatrice.

Utile pour :

• les peaux sèches et très sèches ;
• lisser et contrôler les frisottis des cheveux.

Pour prolonger la durée de vie des huiles végétales et des beurres dans vos recettes, il suffit de leur ajouter quelques gouttes de vitamine E (1 % de la quantité totale d'huile et de beurre). Oui, oui ! La vitamine E est un antioxydant naturel qui vous permet de contrer le rancissement prématuré de vos cosmétiques. C'est pas beau, ça ? Évidemment, le fait de conserver vos mixtures dans un endroit sec et à l'abri de la lumière prolongera aussi leur durée de vie !

Les huiles spécialisées

Ces huiles fines sont souvent coûteuses ; on les utilise avec parcimonie dans les recettes, combinées avec d'autres huiles végétales.

HUILE D'ARGAN (*Argania spinosa*) (IC 0)

Originaire du Maroc, cette huile non comédogène riche en vitamine E s'utilise aussi bien sur le visage que sur les cheveux. On aime !
Ses qualités : très nourrissante et cicatrisante.
Utile pour :
- les peaux sèches, matures et dévitalisées ;
- les cheveux ternes, secs et cassants.

HUILE DE JOJOBA (*Simmondsia chinensis*) (IC 2) ♥

« L'huile » de jojoba est en réalité une cire fluide (au frigo, elle durcit comme un beurre). Sa composition se rapproche beaucoup de celle du sébum. Elle est reconnue pour réguler la production de sébum de la peau et du cuir chevelu, et ne laisse pas de film gras.
Ses qualités : protectrice, pénétrante et rééquilibrante.
Utile pour :
- tous les types de peau, incluant les peaux sensibles et les peaux acnéiques.

HUILE DE RICIN (*Ricinus communis*) (IC 1)

Huile à la texture visqueuse, c'est un ingrédient apprécié dans la fabrication de produits de maquillage.
Ses qualités : particulièrement cicatrisante, réparatrice et fortifiante.
Utile pour :
- les peaux sensibles et sujettes aux imperfections (taches brunes, masque de grossesse) ;
- favoriser la pousse et la santé des cheveux et des cils.

HUILE DE ROSE MUSQUÉE (*Rosa rubiginosa*) (IC 1)

Originaire du Chili, l'huile de rose musquée est l'huile favorite des peaux marquées (taches de vieillesse, coups de soleil, vergetures et cicatrices). Une huile précieuse que toute bonne grano devrait avoir dans son armoire de toilette !

ATTENTION ! *Achetez-en une petite quantité à la fois, car elle a tendance à rancir.*
Ses qualités : cicatrisante et réparatrice incomparable.
Utile pour :
- les peaux sèches ;
- les peaux sensibles ;
- les peaux matures.

La face cachée de...

L'huile d'amande douce et l'huile de palme

L'huile d'amande douce est bénéfique pour la santé et la peau, mais on ne peut pas en dire autant de sa culture. L'affaire, c'est que ça prend 5 litres d'eau pour produire UNE SEULE amande. Depuis les dernières années, la Californie, qui produit 80 % des amandes mondiales, est aux prises avec la pire sécheresse de son histoire. Pour répondre à la demande, les producteurs d'amandes doivent littéralement forer des centaines de mètres dans le sol pour trouver de l'eau et la pomper, procédure qui provoque l'affaissement des sols et engendre des problèmes aux ponts et aux routes environnantes. On craint même les tremblements de terre. Hum.

Quant à l'huile de palme, ce n'est pas plus glorieux. Cette huile se trouve littéralement partout en raison de son très faible coût de production : dans les cosmétiques, la nourriture, les nettoyants et les carburants. De 1990 à 2010, c'est 8,7 millions d'hectares de forêt qui ont été rasés en Asie du Sud-Est pour les besoins des différentes industries. Cette déforestation a inévitablement des impacts sur la faune, particulièrement l'habitat et les ressources des orangs-outans. Leur situation est aujourd'hui tellement précaire qu'ils sont classés comme menacés d'extinction sur la liste rouge de l'Union internationale pour la conservation de la nature (UICN).

Psitt ! Loin de nous l'idée d'être plus catholiques que le pape et de vous faire culpabiliser de boire des lattes au lait d'amande ou de manger des chips au ketchup, hein ! On veut plutôt vous exposer la problématique et vous laisser faire vos propres choix... éclairés. Notre philosophie ? Pourquoi sélectionner ces deux huiles pour nos cosmétiques maison, alors qu'on peut aisément les remplacer par des huiles plus écolos aux propriétés équivalentes ?

2. Les beurres végétaux

Tout comme les huiles, les beurres végétaux ont des propriétés nourrissantes, protectrices et émollientes. Ils aident aussi à protéger la peau ou les cheveux des agressions extérieures, comme le froid, le soleil et le vent. Ils entrent dans la composition des recettes de baume, de beurre et de soins protecteurs. Les beurres sont idéaux pour les peaux déshydratées, puisqu'ils aident à maintenir l'hydratation de l'épiderme.

BEURRE DE CACAO (*Theobroma cacao*) (IC 4)

C'est un beurre très dur qu'on n'utilise qu'en petite quantité. Il peut remplacer la cire dans certaines recettes.

Ses qualités: puissant antioxydant, le beurre de cacao est nourrissant et apaisant. Il lutte contre le vieillissement de la peau. En raison de son indice de comédogénicité, on l'évite sur le visage.

Utile pour:
• les peaux déshydratées;
• le contour des yeux, les lèvres et le corps;
• redonner de la vitalité aux cheveux.

BEURRE DE KARITÉ (*Butyrospermum parkii*) (IC 0) ♥

Notre beurre chouchou, pour sa grande polyvalence! Sa texture fort intéressante ajoute de l'onctuosité aux recettes.

Ses qualités: apaisant et nourrissant, le beurre de karité facilite la cicatrisation.

Utile pour:
• tous les types de peau;
• toutes les parties du corps (visage, corps et cheveux).

BEURRE DE MANGUE (*Mangifera indica*) (IC 2)

LE beurre par excellence pour les soins des cheveux! Il est aussi reconnu pour sa capacité à lutter contre le vieillissement prématuré de la peau. De plus, il laisse sur la peau un fini satiné. Rwinr!

Ses qualités: antioxydant, adoucissant, réparateur.

Utile pour:
• tous les types de peau;
• les soins capillaires.

La face cachée de...

L'avocat

Ce fruit n'est pas seulement le roi de la guacamole et des dîners pressés ; il entre aussi dans la composition des soins cosmétiques, sous forme de beurre et d'huile. La consommation mondiale d'avocats ne cesse de croître, ce qui a entraîné une augmentation des prix, et conséquemment une ruée vers « l'or vert ». Résultat ? Une déforestation massive, menaçant tant les espèces d'arbres endémiques que la faune locale. Par-dessus le marché, la culture des avocatiers nécessite énormément d'eau. Alors, puisqu'il existé déjà d'autres belles solutions de rechange, pourquoi ne pas éviter l'avocat dans nos cosmétiques maison ?

3. Les cires

Les cires sont des agents épaississants et durcissants. Elles sont surtout utilisées dans les beurres, les baumes et les onguents pour donner consistance aux cosmétiques, mais aussi pour leur ajouter des propriétés protectrices. Elles sont filmogènes, c'est-à-dire qu'elles agissent comme barrière en protégeant la peau contre les agressions extérieures et en l'aidant à rester hydratée.

CIRE D'ABEILLE (*Cera alba*) (IC 2) ♥

Pour produire un seul kilogramme de cire, les abeilles doivent consommer de 7 à 10 kg de miel. Autant dire qu'il s'agit d'une denrée précieuse, voire luxueuse ! Elle constitue un ingrédient de choix dans les baumes réparateurs. Elle ajoute également des propriétés conservatrices aux recettes. Son point de fusion, c'est-à-dire la température à laquelle la cire d'abeille commence à fondre, se situe entre 61 °C et 66 °C.

Utile pour :
• tous les types de peau, particulièrement les peaux déshydratées ;
• les produits corporels (mais elle convient aussi au visage).

CIRE DE CANDELILLA (*Euphorbia cerifera*) (IC 1)

La cire de candelilla est la solution de rechange végane par excellence à la cire d'abeille, à condition d'en mettre 50 % moins, car elle est plus dure et cassante. Elle provient d'un arbuste originaire du Mexique et l'aide à conserver ses réserves d'eau. Son point de fusion se situe entre 66 °C et 73 °C.

Utile pour :
• tous les types de peau.

Bien qu'elles portent le nom de « cire », la cire de soya et les cires émulsifiantes ne peuvent pas remplacer la cire d'abeille ou la cire de candelilla dans une recette, car ce ne sont pas des agents durcissants.

La cire de soya est plutôt un émollient qu'on ajoute aux beurres corporels. C'est aussi l'ingrédient indispensable des bougies de massage.

La cire émulsifiante, de son côté, sert à former et à maintenir une émulsion, c'est-à-dire le résultat du mélange d'une phase aqueuse et d'une phase huileuse (nous reviendrons sur ces notions). Elle est indispensable dans la fabrication des crèmes.

4. Le bicarbonate de soude (ou de sodium)

Ingrédient polyvalent par excellence, le bicarbonate de sodium ne sert pas seulement à déloger les mauvaises odeurs de vos vieux souliers : c'est un incontournable des cosmétiques maison! On l'utilise pour neutraliser, désodoriser, blanchir et créer de l'effervescence. C'est aussi un abrasif doux et un antibactérien. On le trouve dans les déodorants, les dentifrices, les laits de bain. On peut même s'en servir comme... shampoing!

Utile pour :

• désodoriser, exfolier, adoucir et nettoyer.

En passant...

Il était une fois, de la « petite vache » sans aluminium…

Le bicarbonate de sodium, longtemps surnommé «petite vache» au Québec, est un minéral poudreux connu sous la formule chimique $NaHCO_3$. Une des confusions les plus répandues dans le monde des cosmétiques DIY, voire dans le monde de la cuisine, est l'existence de bicarbonate de soude AVEC ou SANS aluminium. Or, le bicarbonate de soude, dans sa formule chimique, ne contient pas d'aluminium!

Cette croyance qu'il existe du bicarbonate de soude AVEC aluminium serait née aux États-Unis en raison d'une mauvaise compréhension de la différence entre deux ingrédients utilisés en pâtisserie pour faire lever les pâtes : le *baking soda* (bicarbonate de soude) et la *baking powder* (levure chimique, communément appelée «poudre à pâte»). La *baking powder* contient du bicarbonate de soude, mais aussi d'autres ingrédients dont parfois des dérivés... d'aluminium.

Pour montrer patte blanche, plusieurs entreprises inscrivent maintenant «sans aluminium» sur leurs contenants de bicarbonate de soude. Cela rassure les consommateurs qui utilisent de façon interchangeable la petite vache et la poudre à pâte, mais contribue malheureusement à alimenter la confusion...

5. Les fécules

En cosmétique, la fécule sert principalement d'agent absorbant. Elle est, par exemple, utilisée dans les beurres et les baumes pour les matifier et leur donner un rendu plus soyeux. Elle tient aussi le rôle d'ingrédient magique des shampoings secs. *Adios* cheveux gras !

FÉCULE D'ARROW-ROOT (*Maranta arundinacea*) ♥

On a un faible pour la fécule d'arrow-root, aussi appelé «marante», car elle a une texture plus fine et soyeuse que la fécule de maïs.

Utile pour :
• matifier, absorber.

La face cachée de...

La fécule de maïs

Le maïs fait partie des grandes monocultures mondiales. La monoculture entraîne une perte importante de la biodiversité partout où elle s'implante en détruisant les habitats naturels de la faune locale, dont les prédateurs naturels des insectes ravageurs. Et c'est quand le chat n'est plus là que les souris dansent : les champs deviennent donc d'immenses buffets à volonté pour insectes nuisibles que les agriculteurs doivent ensuite contrôler à l'aide de pesticides.

Même si elle représente un choix économique intéressant (si vous en avez déjà, utilisez-la, pas de gaspillage !), l'impact écologique de la monoculture du maïs est un aspect non négligeable à considérer lorsqu'on tente de faire des choix plus écoresponsables. Optez plutôt pour une fécule de maïs biologique ou pour une de ses cousines moins connues (fécules d'arrow-root, de riz, de tapioca ou de pomme de terre).

6. Les vinaigres

Les vinaigres sont utilisés en cosmétique pour leurs propriétés toniques (astringentes) et antifongiques. Agents antipelliculaires redoutables, on les apprécie comme revitalisants pour cheveux. Le vinaigre est le compagnon indispensable du bicarbonate de soude, selon l'approche d'hygiène capillaire minimaliste appelée *no poo* (voir à la page 134). Le pH acide des vinaigres aide à refermer les follicules pileux des cheveux, les rendant naturellement doux et brillants. Psitt! L'odeur du vinaigre s'évaporant rapidement, non vous ne sentirez pas le casseau à patates frites!

VINAIGRE BLANC

Non, non, le vinaigre blanc ne sert pas seulement à asperger vos frites ou à nettoyer vos planchers. On peut aussi l'employer comme revitalisant pour les cheveux.
Utile pour:
• tous les types de cheveux;
• les cheveux gras particulièrement.

VINAIGRE DE CIDRE ♥

On utilise le vinaigre de cidre soit comme revitalisant dans la douche, soit comme base pour fabriquer des teintures mères de plantes, qu'on emploie ensuite en lotion tonique astringente pour le visage ou en traitement pour les cheveux. Choisissez un vinaigre de cidre bio et non filtré pour profiter pleinement de ses propriétés. Oh! Et on en produit localement.
Utile pour:
• tous les types de peau et cheveux;
• les cheveux secs particulièrement.

7. Les exfoliants naturels

Les agents exfoliants nettoient la peau en profondeur en délogeant les peaux mortes. L'action mécanique de l'exfoliation permet aussi d'activer la circulation sanguine ; la peau est ainsi stimulée et tonifiée.

Dans cette catégorie d'ingrédients, on n'a pas de coup d'cœur... parce qu'on les aime tous pour leurs propriétés distinctes ! Gros plus : vous les avez déjà tous (ou presque) à la maison !

- **Poudre d'avoine** : championne hydratante et apaisante.
- **Bicarbonate de soude** : adoucissant.
- **Café** : lissant et anticellulite.
- **Plantes et herbes moulues (hibiscus, menthe poivrée, poudre de graines de petits fruits)** : adoucissantes.
- **Sel** : purifiant et assainissant.
- **Sucre (blanc, brun, de coco, de canne brute)** : retient l'hydratation, adoucissant.

Les exfoliants naturels ne sont pas tous interchangeables, car ils ne sont pas nécessairement destinés à exfolier les mêmes parties du corps. Puisque la peau du visage est sensible, on lui préfère les grains exfoliants fins comme la poudre d'avoine, le bicarbonate de soude et les plantes et herbes moulues. On garde le café, le sel et le sucre — plus abrasifs avec leurs cristaux aux facettes angulaires — pour exfolier le corps, dont la peau est plus... coriace.

Psitt ! Donnez une deuxième vie à votre marc de café et à vos vieilles feuilles de tisane ou de thé et servez-vous-en pour fabriquer vos exfoliants ! Pas de gaspillage !

8. Les argiles

Les argiles sont appréciées en cosmétiques principalement pour leurs actions nettoyante et purifiante. Elles sont idéales pour la peau, les cheveux et les soins bucco-dentaires.

En passant...

Des argiles locales

Saviez-vous qu'il existe, ici même au Canada, plusieurs sources d'argile naturelle? L'argile grise du Kamouraska, dans le Bas-Saint-Laurent, est collectée à la main. Pourquoi ne pas profiter de nos belles ressources locales?

Les argiles du pays

ARGILE GRISE (foncée)

Provenance: Saskatchewan et Québec (Kamouraska).
Cette argile possède des propriétés antibactérienne, nettoyante et purifiante.
Utile pour:
• les peaux grasses.

ARGILE GRISE (pâle) ♥

Provenance: Saskatchewan.
Cette argile prévient les irritations et favorise l'hydratation de la peau.
Utile pour:
• les peaux sensibles et réactives.

ARGILE ROUGE

Provenance: Saskatchewan.
Riche en fer, elle illumine le teint. Cette argile favorise l'hydratation de la peau, en plus d'aider à régénérer les cellules et à affiner les pores dilatés.
Utile pour:
• les peaux grasses et ternes.

Les argiles d'ailleurs

ARGILE BLANCHE (*kaolin*) ♥

Provenance : Chine, France, Royaume-Uni.

L'argile blanche est la moins asséchante et reste de loin la plus polyvalente. On l'utilise le plus souvent comme masque pour le visage, mais il est aussi possible de l'intégrer dans un soin capillaire, un lait de bain ou un dentifrice maison.

Utile pour :
• les peaux délicates et irritées.

ARGILE ROSE

Provenance : États-Unis.

L'argile rose est le résultat du parfait mélange de l'argile blanche et de l'argile rouge, ce qui nous permet de profiter de leurs propriétés respectives. Très douce, réparatrice et matifiante, elle est réputée pour illuminer le teint.

Utile pour :
• les peaux sensibles, réactives et ternes.

ARGILE VERTE

Provenance : France.

Très absorbante, l'argile verte peut être utilisée sur les piqûres de moustiques pour aider à extraire le venin.

Utile pour :
• les peaux grasses
• les cuirs chevelus gras.

BENTONITE

Provenance : États-Unis.

Très absorbante, cette argile aide à réduire l'apparence des pores dilatés.

Utile pour :
• les peaux grasses, à tendance acnéique et à problèmes (eczéma, dermatite).

RHASSOUL (ou ghassoul)

Provenance : Maroc.

Le rhassoul possède un fort pouvoir absorbant. Il est particulièrement utilisé pour le soin des cheveux : il régule la production de sébum, nettoie en profondeur et donne du volume.

Utile pour :
• les cheveux ;
• les peaux acnéiques et sujettes aux comédons (points noirs).

9. L'oxyde de zinc

L'oxyde de zinc a des fonctions multiples. Il sert, entre autres, à colorer certains cosmétiques et à protéger la peau ; il s'agit d'un filtre minéral qui offre une protection solaire physique à la fois contre les UVA et les UVB. On l'utilise aussi comme agent asséchant dans les produits pour fesses de bébé et comme agent assainissant et purifiant pour la peau. Bref, un bel ingrédient multitâche comme on les aime !

Utile pour :

• protéger du soleil, assécher (érythème fessier).

10. L'eau de chaux

Pourquoi l'eau de chaux (hydroxyde de calcium)? Malgré que ce soit un ingrédient plutôt spécialisé, c'est l'un de nos chouchous, principalement parce qu'il forme une composante essentielle du liniment oléocalcaire (voir à la page 67), un impératif de toute armoire de toilette grano. L'eau de chaux apporte au liniment mille et une vertus, dont des propriétés nettoyante, antiseptique et antifongique.

ATTENTION ! *L'eau de chaux est un agent alcalinisant : il ne faut donc pas l'utiliser sous sa forme pure sur la peau, mais toujours la mélanger à une phase huileuse ! Il est très important de suivre notre recette de la page 98 !*

En passant...

Le liniment oléocalcaire : de nettoyant à fesses de bébé à... démaquillant !

Vous avez bien lu ! Le liniment peut servir tant de nettoyant pour les fesses de bébé pendant le changement de couches que de démaquillant pour votre joli minois, mais aussi de crème pour le visage et pour le corps ! Parfait même pour les peaux sèches, le liniment oléocalcaire aide à contrôler l'eczéma et la dermatite séborrhéique. Impressionnant, non ?

11. Les hydrolats

L'hydrolat est l'un des deux sous-produits obtenus lors de la distillation de plantes. Version subtile de sa sœur huile essentielle, l'hydrolat consiste en une eau imprégnée d'une fraction de molécules odorantes, donc moins concentrée en molécules actives que l'huile essentielle. Il n'est pas pour autant dénué de propriétés! Les hydrolats peuvent être utilisés directement sur la peau, sans dilution, puisqu'ils agissent en douceur. On aime surtout les employer dans les démaquillants et comme eau tonique pour le visage.

HYDROLAT D'ACHILLÉE MILLEFEUILLE (*Achillea millefolium*)

Agent antibactérien, anti-inflammatoire et antiseptique aux multiples vertus, dont celle d'équilibrer la production de sébum.

Utile pour:

- les peaux à tendance acnéique;
- apaiser les yeux irrités, notamment par les allergies;
- apaiser les peaux marquées par le soleil et l'effet du vent;
- arrêter les saignements (parfait dans un produit après-rasage).

HYDROLAT DE BLEUET (*Centaurea cyanus*)

ATTENTION! *Le bleuet dont on parle ici est une petite fleur bleue d'origine européenne, la centaurée bleuet, et non pas notre petit fruit national!*

Utile pour:

- apaiser les yeux irrités et fatigués;
- apaiser les peaux exposées au soleil et sensibles.

HYDROLAT DE FLEUR D'ORANGER ou NÉROLI (*Citrus aurantium*)

Cet hydrolat a plusieurs qualités: il apaise la peau, aide à régénérer les cellules et illumine le teint.

Utile pour:

- tous les types de peau, en particulier les peaux délicates et sensibles.

HYDROLAT D'HAMAMÉLIS (*Hamamelis virginiana*)

Cet hydrolat prévient la transpiration et les odeurs corporelles. Parfait dans un déo liquide!

Utile pour:

- tous les types de peau, particulièrement les peaux grasses;
- apaiser les peaux irritées et sensibles.

HYDROLAT DE LAVANDE OFFICINALE (*Lavandula angustifolia* ou *officinalis*) ♥

Notre hydrolat favori pour son adaptabilité. Il apaise les peaux exposées au soleil ou sensibles, les démangeaisons, les coupures et les égratignures.
Utile pour :
• tous les types de peau, particulièrement les peaux grasses et à tendance acnéique.

HYDROLAT DE ROSE DE DAMAS (*Rosa damascena*)

On l'aime pour son action apaisante et sa grande qualité d'antiride !
Utile pour :
• tous les types de peau, surtout les peaux déshydratées, sensibles (c'est un antirougeur par excellence), dévitalisées et matures.

12. Les huiles essentielles

Malgré leur nom, les huiles essentielles ne sont pas des huiles à proprement parler. Ce sont plutôt des concentrés de molécules aromatiques hydrophobes, c'est-à-dire qu'elles ne se diluent pas dans les phases aqueuses, constituées d'eau, mais seulement dans l'huile et dans l'alcool. Ces concentrés sont obtenus par distillation à sec, hydrodistillation ou pression.

Les huiles essentielles doivent être utilisées avec prudence : certaines possèdent des contre-indications associées à des problèmes de santé, entre autres. Comme nous ne sommes pas aromathérapeutes, nous laissons entre vos mains le soin de vous informer si les huiles essentielles que vous souhaitez utiliser vous conviennent. Vous trouverez dans notre bibliographie plusieurs ouvrages et sites web qui pourront vous guider dans votre quête. Nous vous présentons ici cinq huiles essentielles polyvalentes, accessibles et fréquemment incluses dans les recettes de cosmétiques simples.

Psitt ! Sachez que les agrumes (citron, orange, pamplemousse, bergamote, etc.) sont les seuls fruits desquels on peut extraire une huile essentielle. Méfiez-vous des produits cosmétiques aux odeurs de papaye ou de cerise prétendument parfumés aux huiles essentielles : ils contiennent plutôt des fragrances ou des essences aromatiques (naturelles ou synthétiques).

Lorsqu'on se lance dans le monde des cosmétiques maison, l'achat d'huiles essentielles peut sembler onéreux. Notre astuce ? Se procurer seulement les huiles essentielles les plus touche-à-tout. Donc pas besoin d'acheter 30 huiles essentielles d'un coup, mais seulement quelques-unes !

ATTENTION ! Contrairement aux hydrolats, les huiles essentielles sont très concentrées en principes actifs et ne sont pas à utiliser à la légère. Chaque fois que vous souhaitez employer une nouvelle huile essentielle, informez-vous sur ses propriétés et ses contre-indications.

Il est conseillé de toujours diluer les huiles essentielles dans une huile ou un beurre avant de les appliquer sur la peau, sauf pour de rares exceptions (palmarosa, tea tree, lavande aspic). Pour un usage cosmétique, il est recommandé de ne pas dépasser 2 ou 3 gouttes d'huile essentielle par cuillère à thé (5 ml) d'huile ou de beurre, sauf dans le cas des huiles essentielles dermocaustiques, qui requièrent une utilisation encore plus parcimonieuse.

HUILE ESSENTIELLE DE GÉRANIUM ROSAT (*Pelargonium graveolens*)

Cette huile essentielle est un peu plus chère que ses consœurs, mais elle est très polyvalente, combinant les propriétés de plusieurs d'entre elles. Alors, au final, vous réaliserez presque des économies, hé ! hé !

Utile pour :

- les peaux à tendance acnéique et grasses ;
- l'eczéma et le psoriasis ;
- les piqûres d'insectes ;
- favoriser la guérison des brûlures (elle est cicatrisante et antiseptique) ;
- atténuer l'apparence des vergetures, de la cellulite et des rides ;
- raffermir la peau et embellir le teint ;
- donner de la brillance à la chevelure et lutter contre la chute des cheveux.

On vous l'a-tu dit ou on vous l'a-tu pas dit qu'elle est wow ?!?

HUILE ESSENTIELLE DE LAVANDE OFFICINALE ou LAVANDE VRAIE (*Lavandula angustifolia* ou *officinalis* ou *vera*) ♥

Tout comme son hydrolat, l'huile essentielle de lavande est un *must* dans la pharmacie, surtout en raison de ses propriétés anti-inflammatoire, apaisante, cicatrisante et antiseptique.
Utile pour:
- tous les types de peau, surtout celles à problèmes, sensibles et acnéiques;
- favoriser la guérison des brûlures et le soulagement des irritations;
- apaiser les douleurs musculaires et les maux de tête;
- fortifier et donner de la brillance aux cheveux;
- traiter les pellicules.

HUILE ESSENTIELLE DE MENTHE POIVRÉE (*Mentha x piperita*)

Antibactérienne, analgésique et anti-inflammatoire, cette huile essentielle entre dans la préparation d'une panoplie de recettes: baume décongestionnant, dentifrice, déodorant, baume pour les douleurs musculaires, etc.
Utile pour:
- décongestionner les sinus;
- apaiser les douleurs musculaires;
- soulager les démangeaisons;
- éloigner les moustiques;
- contrôler les nausées et les maux de tête.

HUILE ESSENTIELLE DE PAMPLEMOUSSE (*Citrus paradisii*)

ATTENTION! *Cette huile essentielle est photosensibilisante et ne peut être appliquée avant une exposition au soleil.*
Utile pour:
- les peaux mixtes, grasses et acnéiques;
- tonifier la peau;
- atténuer l'apparence de la cellulite;
- lutter contre la chute des cheveux.

HUILE ESSENTIELLE DE TEA TREE ou ARBRE À THÉ
(Melaleuca alternifolia)

L'huile essentielle de tea tree est surtout reconnue pour ses propriétés anti-infectieuse, puissamment antibactérienne, antifongique, anti-inflammatoire et antivirale! On l'utilise tant dans les déos que dans les dentifrices. Elle est aussi la meilleure ennemie des boutons!

Utile pour:

- les peaux à tendance acnéique (diluée ou non dans une huile végétale, on l'applique sur les boutons pour stopper leur développement);
- les affections cutanées (par exemple les «feux sauvages»!);
- les soins buccodentaires (gingivite, aphtes);
- les soins antipelliculaires.

ATTENTION!

Les femmes enceintes ou allaitantes, les bébés et les enfants en bas âge peuvent profiter de certaines huiles essentielles, mais pas de toutes! En effet, on le répète, ce n'est pas parce qu'elles sont naturelles que les huiles essentielles sont inoffensives...

Les huiles essentielles passent dans le sang, et peuvent donc se retrouver en contact avec votre bébé ou dans votre lait. Vous devez vous informer pour connaître celles qui sont sécuritaires. Nous ne ferons pas ici la liste des huiles essentielles à éviter pendant la grossesse ou l'allaitement, ou à ne pas utiliser sur les bébés et les enfants. Pour obtenir la liste complète des huiles essentielles sécuritaires, nous vous invitons à consulter un.e aromathérapeute.

Notons toutefois que toutes les huiles essentielles contenant des cétones (par exemple la menthe poivrée, la sauge et le romarin) sont déconseillées, car elles peuvent être neurotoxiques (elles peuvent atteindre le système nerveux) et aller jusqu'à provoquer une fausse couche.

Les huiles essentielles qui sont œstrogéniques (par exemple le fenouil, l'anis, la sauge sclarée et le niaouli) sont également à éviter, car elles peuvent provoquer des perturbations du système hormonal.

En règle générale, les huiles essentielles sont à proscrire chez les bébés de moins de trois mois.

Des plantes entières pour remplacer l'huile essentielle ? Tout à fait !

L'utilisation de plantes sous forme de macérats et de teintures mères cosmétiques est une solution de rechange, moins coûteuse, aux huiles essentielles, en plus de bénéficier des propriétés de certaines plantes qui ne se trouvent pas sous cette forme. La beauté de la chose : il est bien plus facile de les fabriquer soi-même. Ainsi, vous pourrez profiter, par exemple, des propriétés calmantes de la lavande dans un beurre ou une lotion tonique, ou encore de l'effet rafraîchissant de la menthe poivrée sans avoir à acheter les huiles essentielles. Pour ce faire, il suffit de laisser macérer des fleurs de lavande ou des feuilles de menthe poivrée dans une huile végétale ou du vinaigre de cidre, et de les utiliser dans vos soins ! (Voir les procédures au chapitre 4, aux pages 96 et 103.)

Parmi nos plantes fétiches :

CALENDULA OU SOUCI (*Calendula officinalis*)
• anti-inflammatoire puissant, cicatrisant et adoucissant.

CAMOMILLE ALLEMANDE (*Matricaria recutita*)
• anti-inflammatoire, apaisante et adoucissante, accentue les reflets pâles des cheveux, antipelliculaire.

CONSOUDE (*Symphytum officinalis*)
• cicatrisante et antibiotique.

GUIMAUVE (*Althaea officinalis*)
• cicatrisante, adoucissante et anti-inflammatoire, démêlante (cheveux).

LAVANDE VRAIE (*Lavandula officinalis*)
• soulage les peaux à problèmes (eczéma, acné, psoriasis), fortifie les cheveux et leur donne de la brillance (photo à la page 179).

ORTIE (*Urtica dioica*)
• favorise la croissance des cheveux, les fortifie et accentue les reflets foncés, antipelliculaire.

PRÊLE (*Equisetum arvense*)
• donne de la brillance, fortifie les cheveux et favorise leur croissance (photo à la page 97).

ROMARIN (*Rosmarinus officinalis*)
• régule la production de sébum.

ROSE (*Rosa damascena*)
• apaisante, cicatrisante et tonifiante.

SAUGE (*Salvia officinalis*)
• accentue les reflets foncés des cheveux, fortifiante, cicatrisante, effet bonne mine.

« Photosensibili… et dermocaus… quoi ? »

Les huiles essentielles photosensibilisantes *peuvent causer des taches pigmentaires lors d'une exposition au soleil. C'est le cas des huiles essentielles d'agrumes (citron, orange, lime ou citron vert, pamplemousse, bergamote). Oubliez donc tout de suite le beurre de protection solaire au citron ou l'huile bronzante à la lime ! Ouch !*

Les huiles essentielles dermocaustiques, *comme celles de cannelle, de clou de girofle et de menthe poivrée, peuvent brûler la peau si elles ne sont pas diluées dans une huile végétale ou si elles sont utilisées en trop forte concentration.*

Voilà, aussi simple que ça ! Pas besoin de réserver une pièce complète pour entreposer 500 ingrédients : il suffit d'avoir en main une douzaine d'ingrédients (ou catégories d'ingrédients) de base et vous êtes en mesure de concocter une panoplie de soins corporels. Oui, oui, car chaque ingrédient est doté d'une multitude de propriétés qui lui donnent un usage quasi illimité ! De plus, comme plusieurs de ces ingrédients sont comestibles, vous pouvez aussi vous en servir en cuisine. Pas de gaspillage !

BABY STEPS DANS LE MONDE DU « FAIT SOI-MÊME »

**Tu sais que
tu es grano
quand…**
*tu gardes
des ramequins
dans ta salle
de bain.*

Avant d'entrer dans le vif du sujet et de vous présenter nos recettes, il nous semblait essentiel de passer en revue quelques notions de base. Vous trouverez, dans un premier temps, un miniglossaire des termes entourant les cosmétiques.

Plusieurs appellations et concepts sont parfois utilisés de manière erronée, par exemple un « beurre hydratant ». **#BeenThereDoneThat** Un beurre n'apporte pas d'eau à l'épiderme, il a plutôt un rôle nourrissant et protecteur. Alors nous ferons le tour des principales confusions et remettrons les pendules à l'heure, en quelque sorte, question de toutes partir avec les mêmes définitions !

On vous a aussi préparé une liste des principaux outils nécessaires à la fabrication de nos recettes. Vous allez voir, ce n'est pas sorcier et vous n'aurez probablement même pas à investir... à condition d'avoir déjà quelques instruments de cuisine sous la main.

Finalement, on termine ça en beauté avec quelques erreurs de débutante cocasses – dont la majorité sont tirées de nos expériences personnelles –, et, surtout, des astuces pour les éviter !

Les bons mots

Il existe plusieurs types de préparations cosmétiques avec des noms techniques qui portent parfois à confusion. Avant de nous lancer dans la nomenclature, définissons d'abord deux concepts qui sont à la base même de toutes ces préparations : la phase huileuse et la phase aqueuse. Ces termes reviennent souvent dans les recettes cosmétiques et il est impératif de bien les comprendre pour éviter les erreurs. Ainsi :

- une **phase huileuse**, ou phase lipophile, englobe les huiles, les cires et les graisses ;
- une **phase aqueuse**, ou phase hydrophile, contient l'eau et divers composants hydrosolubles (hydrolat, gel d'aloès, par exemple).

La majorité des cosmétiques comportent l'une ou l'autre de ces deux phases. Par exemple, un beurre contient une phase huileuse ; une lotion tonique, une phase aqueuse. Certains cosmétiques réunissent les deux phases, comme dans le cas d'une crème ou d'un nettoyant biphasé. Les cosmétiques secs, tels le shampoing sec ou la poudre blanchissante pour les dents, ne renferment ni l'une ni l'autre de ces phases. Logique.

Maintenant que c'est dit, voici quelques petites définitions qui vous permettront de naviguer dans le monde des produits cosmétiques comme une pro.

BAUME, BEURRE et ONGUENT

Ces trois termes sont souvent interchangés – à tort. Bien que ces trois produits se ressemblent, ils sont techniquement distincts. Leur similarité? Ils sont tous formés d'une seule phase, soit la phase huileuse.

Baume

Il est normalement constitué de trois ingrédients, soit d'huile pure ou de macérât huileux*, de beurre et de cire. Sa texture est plus épaisse que celle du beurre, qui fond souvent au contact de la peau. La cire ajoute une couche de protection au produit en le rendant plus imperméable.

Beurre

En règle générale, un soin corporel nommé «beurre» est fabriqué d'huile (pure ou macérât) et de beurre. Le beurre ne comprend normalement pas de cire, mais il arrive parfois qu'on lui en ajoute une faible quantité. L'exception qui confirme la règle, disons! Le beurre est en général plus onctueux que ses confrères baume et onguent, et on le trouve souvent sous forme fouettée. Dans ce cas-là, il ne contient pas de cire.

Onguent

Aussi parfois appelé «pommade» ou «cérat», il est fabriqué seulement d'un macérât huileux et d'une cire. Il est généralement conçu et utilisé comme remède ou traitement topique (onguent antidémangeaison, réparateur, cicatrisant, contre l'eczéma, etc.).

Vous aimeriez rendre votre beurre/baume/onguent hydratant? Facile! Étendez-les sur la peau ou la chevelure humide à la sortie de la douche. Pour le visage, appliquez-les plutôt de concert avec un hydrolat *ou une* lotion tonique. *La phase aqueuse restera emprisonnée sous la phase huileuse, ce qui permettra d'hydrater votre peau!*

* Les mots en bleu sont définis plus loin dans cette section.

En passant...

Un « beurre corporel hydratant », ça n'existe pas. Ah bon ?

Il n'est pas rare de lire sur l'étiquette d'un beurre ou d'un baume qu'il est «hydratant». Il faut remettre les pendules à l'heure : pour hydrater, un produit ou un ingrédient doit contenir une phase qui comprend une bonne partie d'eau, soit une phase aqueuse. Les beurres, baumes, onguents et huiles de ce monde ne contiennent qu'une seule phase, soit une phase huileuse, constituée d'acides gras ; ce sont donc plutôt des produits nourrissants, protecteurs et adoucissants. Alors d'où vient le malentendu ? Bien qu'ils ne possèdent pas de propriétés hydratantes à proprement parler, ces produits contribuent à conserver l'hydratation naturelle de la peau en agissant comme barrière protectrice et en empêchant l'eau des cellules de la peau de s'évaporer.

Comment le baume à lèvres arrive-t-il à réparer vos lèvres gercées en hiver ? Le beurre, l'huile, mais surtout la cire qui le composent offrent une protection double : d'une part, le baume recouvre les cellules des lèvres, leur permettant ainsi de conserver leur eau ; d'autre part, il forme un bouclier contre les agressions extérieures tels le froid et la salive. Le baume n'hydrate pas, mais il empêche la déshydratation. Mystère résolu !

CRÈME

Une crème est une préparation formée d'une phase aqueuse et d'une phase huileuse, liées par un agent émulsifiant (cire émulsifiante), soit un ingrédient qui est en partie soluble dans l'eau et en partie soluble dans l'huile. Sans ce dernier, l'huile flotterait sur l'eau. On ne peut pas appeler «crème» une recette qui ne contient qu'une phase huileuse. Cette erreur est très répandue (eh oui, on l'a déjà commise dans nos débuts, *mea culpa*) !

L'hydratation de la peau, ça commence par en dedans !

Avant de modifier votre routine de soin, assurez-vous de consommer suffisamment d'eau. Par ailleurs, une alimentation riche en acides gras essentiels (oméga-3 et oméga-6) est nécessaire pour maintenir hydratation et élasticité. Si vous respectez ces deux prémisses et que vous employez des produits doux, vous aurez très rarement un problème de sécheresse cutanée.

L'élément hydratant de la crème, c'est la phase aqueuse. La phase huileuse, elle, a pour but de former une barrière permettant de conserver l'hydratation. On trouve deux types d'émulsion, soit eau dans huile (crème plus grasse) et huile dans eau (crème plus légère). Pour assurer la stabilité du cosmétique maison, en raison de la présence de la phase aqueuse, on recommande d'ajouter un conservateur naturel (antibactérien et antifongique) qui empêchera le développement de bactéries (par exemple Plantaserv Q, Versatil SL, GeoGard). Pour garder la simplicité et l'accessibilité des cosmétiques de ce livre, nous n'utilisons pas d'agents de conservation dans nos recettes contenant des phases aqueuses (outre l'extrait de pépins de pamplemousse dans certains cas); il est donc important de respecter la durée de vie indiquée pour chacune d'entre elles et les consignes de conservation.

DÉMAQUILLANT (ou nettoyant)

Parfois confondu avec la **lotion tonique** (*toner*), le démaquillant est une préparation qui peut prendre différentes formes: une huile démaquillante, un démaquillant biphasé (phase huileuse + phase aqueuse) et un lait démaquillant (phase huileuse + phase aqueuse + émulsifiant). Leur point commun? La présence d'une phase huileuse pour déloger les saletés. Si vous voulez notre avis, un démaquillant et un nettoyant pour le visage sont sensiblement la même chose. Or, les démaquillants sont souvent plus «gras», car le gras est essentiel pour bien enlever le maquillage.

LINIMENT OLÉOCALCAIRE

Le liniment est une préparation polyvalente, nettoyante et hydratante, formée d'une part d'huile végétale et d'une part d'eau de chaux (hydroxyde de calcium). Bien qu'il contienne une phase huileuse et une phase aqueuse, on ne lui ajoute pas d'émulsifiant. Pourquoi? Parce que l'huile et l'eau de chaux réagissent ensemble en créant une saponification à froid, résultant en un produit crémeux et nettoyant. C'est à la fois une sorte de crème hydratante et un lait nettoyant sans rinçage. On peut l'utiliser comme démaquillant, crème et même nettoyant pour les fesses de bébé.

Psitt! Le liniment oléocalcaire est une recette ancestrale originaire du sud de la France. Rien de moins! On peut dire qu'elle a eu le temps de faire ses preuves.

LOTION TONIQUE

Une lotion tonique est une préparation aqueuse à base d'hydrolat ou de vinaigre de cidre servant à nettoyer, à purifier, à resserrer les tissus et à rééquilibrer le pH de la peau. C'est l'équivalent du *toner* en anglais. On l'utilisera seule sur une peau naturelle, ou après avoir démaquillé sa peau. Elle peut être combinée à un beurre ou à un sérum.

MACÉRÂT HUILEUX

Un macérât huileux est une préparation huileuse (habituellement faite à base d'huile d'olive ou de tournesol) dans laquelle ont préalablement macéré une ou plusieurs plantes médicinales séchées ou fraîches afin qu'on puisse en extraire les propriétés. On l'intègre ensuite dans une recette de beurre, de baume ou d'onguent.

TEINTURE MÈRE

Une teinture mère est une préparation à base de solvant, plus précisément d'alcool à 40%, de vinaigre de cidre ou de glycérine végétale, dans laquelle on fait macérer une ou plusieurs plantes médicinales (fraîches ou séchées) afin d'en extraire les propriétés. À la différence du macérât huileux, la teinture mère est plus concentrée en composés actifs. Les teintures mères à base d'alcool et de glycérine sont davantage utilisées dans les soins pris oralement, à titre de remède alternatif, pour prévenir ou traiter certains maux, alors que celles à base de vinaigre sont plus souvent destinées aux soins cosmétiques (traitement pour les cheveux ou lotion tonique pour la peau). Les teintures mères se conservent plusieurs années : jusqu'à 3 ans pour celles faites à base de vinaigre, alors que celles constituées d'alcool peuvent durer jusqu'à 5 ans.

SÉRUM

Le sérum est une préparation concentrée en principes actifs, qui contient peu d'eau, ou même qui n'en contient pas. Il se caractérise par sa texture fluide et pénétrante. La différence entre un sérum et une crème ? Le sérum n'a pas de réel rôle hydratant ni protecteur pour la peau. On l'utilise plutôt pour ses propriétés bénéfiques, qui diffèrent en fonction de sa composition (par exemple, un sérum bonne mine contiendra de l'huile essentielle de carotte ; un sérum cicatrisant, de l'huile de rose musquée).

Les bons outils

Chez Les Trappeuses, on aborde la préparation de cosmétiques DIY comme on fait la cuisine. Et pour «cuisiner» ses cosmétiques, il faut de bons vieux ustensiles. Rien de compliqué: cuillères et tasses à mesurer, bols, casseroles, pots Mason, spatule. Puis l'affaire est tiguidou!

POUR MESURER

- tasses et cuillères à mesurer

Pour mesurer les ingrédients, de simples tasses et cuillères graduées en millilitres font l'affaire. Consultez notre tableau ci-dessous pour vous assurer d'utiliser les bons outils!

POUR MÉLANGER

- bols en pyrex ou en inox (cul-de-poule)
- cuillères en bois ou en métal
- spatule en silicone

ATTENTION! *Lors du maniement de l'argile, il est important de ne pas utiliser d'instruments en métal, car ce matériau altère les propriétés de l'ingrédient. On privilégie dans ce cas le verre, le bois, sinon le plastique.*

Équivalences des mesures

Impérial	Métrique	Synonyme
⅛ cuillère à thé	0,6 ml	
¼ cuillère à thé	1,25 ml	
½ cuillère à thé	2,5 ml	
1 cuillère à thé	5 ml	cuillère à café
1 cuillère à table	15 ml	cuillère à soupe
⅛ tasse	30 ml	1 oz
¼ tasse	60 ml	2 oz
½ tasse	125 ml	4 oz
1 tasse	250 ml	8 oz

En passant...

Des recettes de cosmétiques en ml ?

Ben oui ! Les recettes de cosmétiques sont habituellement conçues d'après le poids des ingrédients et non leur volume. Pour rendre les cosmétiques DIY accessibles, on préconise l'utilisation des millilitres au lieu des grammes, car au Québec, très peu de gens cuisinent en pesant leurs ingrédients à l'aide d'une balance. Les cosmétiques simples (soit les recettes sans émulsion chimique) ne nécessitent pas un degré de précision aigu. Qu'on mette un peu plus de cire d'abeille ou de beurre de karité à notre baume à lèvres, la différence ne se verra pas vraiment. Cela rend donc facultative la mesure des ingrédients au poids : les volumes sont amplement suffisants !

POUR CHAUFFER

• bain-marie (casserole + cul-de-poule ou bol en pyrex)

Pour faire fondre les huiles solides, les beurres et les cires, le bain-marie est votre meilleur ami parce qu'il permet de chauffer tout en douceur. Il est très important de ne pas surchauffer les ingrédients, afin de préserver leurs propriétés. On peut facilement créer un bain-marie en faisant chauffer de l'eau dans le fond d'une casserole à feu moyen et en y déposant un cul-de-poule (en inox) ou un bol en pyrex.

Vous n'avez pas de cul-de-poule ou de bol en pyrex ?
Vous pouvez simplement utiliser un pot Mason à ouverture
large et le déposer dans votre casserole.
Pour éviter que l'eau n'éclabousse à l'intérieur du pot, placez une
guenille au fond de la casserole avant d'y déposer le pot.

POUR FOUETTER

- fouet
- outils électriques : batteur à main ou sur socle, mélangeur à main, mixeur (*blender*)

Certaines recettes doivent être mélangées vigoureusement. Dans la préparation d'un beurre fouetté, par exemple, bien qu'on puisse se satisfaire d'un simple fouet et d'huile de coude, les outils électriques donneront des résultats optimaux. Dans certains cas, comme pour la préparation d'un beurre protecteur solaire, il s'avère impératif d'utiliser de tels instruments.

N'oubliez pas d'identifier vos produits finis et vos pots d'ingrédients si vous faites vos courses en vrac. Question d'éviter de vous retrouver avec plein de pots de poudres blanches non identifiées. **#TrueStory** *Pour les produits, on écrit, sur une étiquette collée ou attachée au contenant, la date de fabrication et les ingrédients utilisés !*

POUR BROYER

- pilon et mortier
- moulin électrique ou robot de cuisine

Certains ingrédients doivent être broyés ou moulus avant d'être intégrés à une recette, comme l'avoine, les plantes, les graines de petits fruits qui entrent dans la composition, entre autres, des exfoliants, des masques et des laits de bain.

POUR RÂPER

- râpe à fromage

On peut se procurer la cire d'abeille en petites pastilles ou en bloc. Dans ce dernier cas, la râpe devient indispensable pour réduire la cire en fines particules, ce qui permet ensuite de calculer facilement la quantité nécessaire à la recette.

POUR FILTRER

- chinois, tamis
- étamine (coton fromage) ou bon vieux bas de nylon

Les macérâts huileux, les teintures mères et notre fameuse recette de gel miracle aux graines de lin (pour cheveux bouclés) ont en commun une étape nécessaire : la filtration. Si vous n'avez pas de chinois ni d'étamine, une passoire fine, jumelée à un bon vieux bas de nylon (propre !), vous permettra de filtrer vos préparations.

*Ne jetez pas les résidus de la filtration de vos macérâts !
Donnez-leur une deuxième vie en les transformant en exfoliants
pour le corps (voir nos recettes à la page 108).*

POUR VERSER

• entonnoir

L'entonnoir est très pratique pour transférer les belles créations liquides dans des contenants à ouverture étroite, sans en verser la moitié sur le comptoir. **#FaitVécu**

POUR FAÇONNER

• moules à glaçons, à bonbons ou à dessert (en silicone)

Certaines recettes sont belles à présenter en format individuel, comme les beurres corporels solides. Les moules en silicone sont nos favoris parce qu'ils sont durables et qu'ils facilitent le démoulage.

POUR ENTREPOSER

• bouteilles et pots (par exemple pots Mason) hermétiques
• contenants à pompe, à pipette, vaporisateurs
• tubes compressibles

On a un petit penchant pour les contenants à cosmétiques ambrés. On peut aussi très bien utiliser des pots Mason ou d'anciens contenants de cosmétiques. Les bouteilles avec vaporisateur sont pratiques pour les toniques et les traitements pour les cheveux, alors que les bouteilles à pipette sont utiles pour les sérums, les démaquillants et les huiles corporelles. Dans les deux cas, si les contenants ne sont pas de couleur opaque, on conseille de les garder à l'abri de la lumière (et dans un endroit sec), puisque l'air et la lumière peuvent provoquer l'oxydation des produits.

Pour les pots et les bouteilles, on préfère de loin le verre, car il n'absorbe pas les odeurs, se stérilise facilement et se réutilise maintes et maintes fois. Sinon, on opte pour les contenants d'aluminium ou de plastique PET (polyéthylène téréphtalate), car eux non plus ne s'imprègnent pas des odeurs. L'important, c'est qu'ils soient propres et qu'ils ne laissent pas passer l'air (ou, pire, l'eau).

POUR NETTOYER

- chiffons et vieux torchons propres
- eau bouillante
- savon à vaisselle

Truc miracle pour nettoyer la cire

Les préparations contenant de la cire, on doit vous l'avouer... ce n'est pas ce qui est le plus facile à nettoyer. Combiné à l'oxyde de zinc, ça peut vite tourner en cauchemar. À moins de connaître le secret. Ça tombe bien, on le connaît, ha! ha!

Étape 1: enlever le surplus collé aux ustensiles avec une spatule, puis, si cela est nécessaire, avec un vieux torchon qu'on réservera spécialement pour cette utilisation.

Étape 2: rincer les ustensiles à l'eau bouillante (sauf le plastique, bien entendu) ou même les faire tremper. Cette étape est primordiale: la cire d'abeille ne fond qu'à une température supérieure à 61 °C (et la cire de candelilla à 66 °C). Une simple eau de vaisselle ne fera vraiment pas l'affaire, car elle ne pourra pas déloger la cire.

Étape 3: une fois la cire fondue, nettoyer les ustensiles dans une eau de vaisselle savonneuse.

Étape 4: au besoin, reprendre les 3 étapes précédentes!

Voilà! Pas si mal, hein?

Les erreurs de débutante

Comme en cuisine, il y a des règles fondamentales à respecter quand on fabrique ses cosmétiques. Voici quelques conseils de base pour éviter les erreurs de débutante. Puisqu'on a appris beaucoup de choses sur le tas, plusieurs exemples viennent d'expériences personnelles... Eh oui! Rien de mieux que l'apprentissage par essai-erreur!

Utiliser des ustensiles et une surface de travail pas propres ou mouillés

Ça peut paraître évident, mais puisqu'on veut conserver nos recettes plusieurs mois, voire 1 an, le respect de petites règles d'hygiène de base devient plutôt nécessaire.

«Est-ce que c'est normal que mon beurre corporel développe des picots noirs après 4 mois?»

La réponse: non. Rappelez-vous toujours que les bactéries et les moisissures aiment les milieux chauds et humides et s'y développent.

Bon. On ne vous demande pas ici d'apprendre des méthodes d'hygiène dignes d'une salle d'opération, mais simplement de faire comme en cuisine et d'adopter ces habitudes simples :
- Se laver les mains.
- Utiliser des ustensiles et des contenants propres et secs.
- Travailler sur des surfaces propres et sèches, incluant les comptoirs, les planches à découper et la cuisinière.

Vous vous apprêtez à fabriquer une recette contenant une phase aqueuse ? Il faudra ajouter une petite étape : la stérilisation ! En assumant que vos outils et votre plan de travail ont été préalablement lavés, il suffit de vaporiser un peu d'alcool isopropylique à 70 % (alcool à friction) et d'essuyer avec un chiffon propre ou de laisser sécher à l'air libre. Cette procédure supplémentaire permet de limiter (voire d'éliminer) les risques de contamination des recettes contenant une phase aqueuse, sans avoir à sortir l'autoclave et l'eau de Javel. L'idée ici, c'est de garder le processus simple et agréable.

Apporter ses produits maison sous la douche, ou les contaminer avec de l'eau du robinet

Une bactérie ou une moisissure peut être introduite dans un cosmétique de différentes manières. On peut penser à nos mains pas toujours propres, à un instrument mal nettoyé ou à l'eau du robinet. En règle générale, les soins fabriqués à base d'huile, de beurre et de cire ne sont pas des milieux propices au développement bactérien en raison de l'absence de phase aqueuse. Même si une bactérie s'introduit dans votre contenant via vos doigts, elle ne saurait survivre dans ce genre de milieu. Lorsqu'elles sont fabriquées, manipulées et entreposées convenablement, les recettes sans phase aqueuse demeurent stables et n'ont pas besoin de l'ajout d'un conservateur.

Il est donc plus rare d'y voir proliférer les bactéries, SAUF s'ils ont été contaminés par l'eau pendant la préparation d'une recette (par exemple par un instrument mouillé, voir l'erreur de débutante à la page 75), ou lors de son utilisation. Vous avez l'habitude d'apporter votre exfoliant au marc de café et à l'huile de coco sous la douche et de vous servir à même le pot à grands coups de mains mouillées ? Ishhh ! L'eau introduite dans votre produit combinée à la chaleur de la salle de bain fera tourner votre exfoliant en roquefort dans le temps de le dire. Il vaut donc mieux prélever une quantité du cosmétique avec une cuillère sèche, loin du jet de la douche.

Cependant, si vous avez malencontreusement introduit de l'eau dans votre soin corporel mais pensez l'utiliser entièrement en moins de 2 semaines, pas de panique : conservez-le au frigo entre les utilisations. Fiou.

La situation est un peu différente avec les cosmétiques contenant des phases aqueuses s'ils ne contiennent pas de conservateurs. La phase aqueuse de votre produit est le milieu PARFAIT pour le foisonnement des bactéries. **#PartyDeMoisissure** Il faut redoubler de prudence et respecter quelques règles supplémentaires : en plus de laver nos outils, on les stérilise (voir le conseil de Marie à la page 76), on s'assure que l'eau du robinet ne pourrait s'introduire dans le produit fini et on évite de toucher le produit avec nos doigts pour limiter les possibilités de le gâter. On privilégie donc les bouteilles à vaporisateur et à pompe pour ce genre de cosmétiques. Vous remarquerez que leur durée de conservation est plus brève ou que ces produits doivent être entreposés au frigo.

Utiliser les huiles essentielles n'importe comment

« J'ai trouvé une recette d'exfoliant pour le visage sur Internet, pis ça disait d'appliquer quelques gouttes d'huile essentielle au choix. J'ai choisi la cannelle, et j'en ai rajouté beaucoup parce que ça sentait pas assez... »

Ishhh.

L'huile essentielle de cannelle est dermocaustique, ce qui veut dire qu'elle BRÛLE la peau lorsqu'elle est appliquée en trop forte concentration. On le répète : les huiles essentielles ne sont pas inoffensives. Assurez-vous de connaître les propriétés des différentes huiles essentielles sélectionnées et leur innocuité avant de les ajouter dans une recette. Il faut les voir comme des remèdes, pas comme de simples flacons parfumés. Assurez-vous aussi qu'elles ne sont pas irritantes (dermocaustiques) ni photosensibilisantes (voir à la page 59). Surtout DILUEZ, DILUEZ, DILUEZ. (Consultez la section sur les huiles essentielles à la page 53.)

ATTENTION ! *Les huiles essentielles dans les cosmétiques maison pour les yeux (démaquillant) ou le contour des yeux... c'est NON. Pour le soin des yeux, on privilégie plutôt les hydrolats.*

Prendre la vitamine E pour un conservateur

La vitamine E n'est pas un conservateur, mais bien un antioxydant qui prévient le rancissement prématuré des huiles et des beurres, rallongeant ainsi leur durée de vie (et celle de vos recettes). La vitamine E n'agit pas sur le développement microbien (bactérie, champignon, levure). Elle ne permet donc pas de conserver les recettes contenant des phases aqueuses.

Utiliser des huiles essentielles comme conservateur

«Est-ce que je peux utiliser de l'huile essentielle de tea tree comme conservateur?»

Cette question nous est souvent posée. Bien que plusieurs huiles essentielles soient anti-bactériennes et antifongiques, la quantité nécessaire pour assurer une bonne préserva-tion est beaucoup trop élevée pour une utilisation sécuritaire, sans compter le fait que les huiles essentielles ne sont pas solubles dans l'eau (il faut un émulsifiant pour lier les phases huileuse et aqueuse). Rappelons que c'est la phase aqueuse qui est propice à la contamination... ce n'est donc vraiment pas une bonne idée!

Confondre extrait de pépins de pamplemousse et huile essentielle de pamplemousse

L'extrait de pépins de pamplemousse est un conservateur naturel qui aide à contrer le développement et la prolifération bactérienne dans les préparations contenant une phase aqueuse, alors que l'huile essentielle de pamplemousse est... une huile essentielle. En plus d'avoir des fonctions complètement différentes, l'extrait de pépins est produit à partir des pépins des pamplemousses, alors que l'huile essentielle provient de l'écorce de l'agrume. Des pommes pis des oranges, quoi!

Confondre la fécule de marante (arrow-root) et la farine d'amaranthe

Autre confusion assez fréquente, cette fois uniquement en raison de la similarité phoné-tique des deux termes, hé! hé! Les deux produits n'ont rien à voir ensemble. Pour éviter cette confusion, nous préférons utiliser le terme «arrow-root».

Utiliser des huiles qui ne sont pas appropriées pour votre type de peau

«J'me suis fait un beurre fouetté pour le visage aux huile de coco et germe de blé. J'en mets matin et soir. J'ai une grosse poussée de boutons, mais il paraît que c'est normal, que le corps passe par une phase de détox...»

Une huile vous cause des boutons? Elle n'est probablement pas faite pour vous. On n'adhère pas vraiment au fameux phénomène de détox, ha! ha! Notre conseil: consultez notre tableau sur l'indice de comédogénicité à la page 33.

Remplacer l'oxyde de zinc par de la pâte de zinc

«J'arrive pas à trouver de l'oxyde de zinc pour fabriquer mon beurre de protection solaire. Est-ce que je peux utiliser de la pâte d'Ihle de la pharmacie?»

Non, non et non. La pâte de zinc contient de l'oxyde de zinc, oui, mais on ne peut pas l'utiliser comme ingrédient de base. Ce serait comme d'utiliser de la pâte à dent au bicarbonate de soude pour remplacer ledit bicarbonate de soude dans une recette de déodorant. Mmmm, ha! ha!

Tenir pour acquis que nos cosmétiques «sont encore bons»

L'industrialisation des cosmétiques et l'utilisation de conservateurs synthétiques puissants nous ont habituées à percevoir les cosmétiques comme des denrées non périssables. Pour cette raison, on a en quelque sorte perdu l'habitude de regarder leur aspect et de les sentir, comme on le ferait pour un pot de yogourt ou une boisson de soya. Quand on fabrique ses cosmétiques, on doit apprivoiser l'idée que les produits sont «frais» et qu'ils ont une durée de vie.

Lorsqu'on se lance dans la fabrication maison, on utilise rarement des conservateurs, car on débute par des recettes simples contenant peu, voire ne contenant pas, de phase aqueuse. Il est d'autant plus important de renouer d'amitié avec nos sens. Un produit périmé, ça se voit (quoique pas toujours), mais surtout, ÇA SE SENT!

Outre la prolifération bactérienne, il est aussi important d'être consciente qu'une huile et un beurre, ça a sa propre durée de vie. Certaines huiles ont la caractéristique de rancir, c'est-à-dire de s'oxyder, plus rapidement, comme les huiles de rose musquée, de framboise, de chanvre, de caméline et de carthame. Notre truc? Les entreposer au réfrigérateur ou leur ajouter de la vitamine E pour prolonger leur vie. Mais gardez en tête qu'une huile rancie, ça sent mauvais. Et quand ça sent mauvais, ce n'est plus bon!

Appliquer un cosmétique maison comme on applique un cosmétique conventionnel

«Mon déodorant maison laisse de grosses taches sur mes vêtements, est-ce normal?»

Non. Bien que, pour la grande majorité des cas, les produits naturels maison ne demandent pas une trop grande adaptation côté utilisation, le déodorant crème, lui, exige tout de même un certain ajustement. Croyez-nous, depuis le temps qu'on concocte nos propres déodorants, on n'a jamais taché aucun morceau de vêtement. Le secret? Appliquer son déo comme on appliquerait un beurre sur notre visage. Vous ne sortiriez pas de la maison avec une épaisse couche de beurre sur la bouille? Même chose pour vos aisselles. Appliquez-en moins, soit la grosseur d'un demi-petit pois sous chaque aisselle, et frottez pour vous assurer qu'il a bien pénétré la peau.

Jeter une préparation ratée

STOOOOPPPP! On ne peut presque jamais rater une recette de cosmétique maison simple. Si une texture n'est pas à votre goût (par exemple trop dure, trop molle, trop grasse), vous n'avez qu'à remettre votre préparation au bain-marie et à ajuster la recette selon votre préférence. Rien n'est perdu!

Seul petit bémol: les huiles essentielles, qui sont très fragiles, pourraient être affectées dans le processus. Il suffira seulement d'en rajouter un peu pour compenser.

Utiliser des ingrédients *cheap*

«J'ai acheté un gallon d'huile de maïs en spécial à l'épicerie, j'peux-tu utiliser ça pour me faire un sérum?»

Ishhh non. Par *cheap*, on entend «basse qualité». Dans le meilleur des mondes, comme pour l'alimentation, l'idéal est de prioriser les ingrédients biologiques. Pour les huiles, cherchez aussi la mention «vierge» ou «extra vierge» pour vous assurer de leur qualité et profiter au maximum des propriétés des ingrédients. Ce sont des huiles dites de «première pression à froid».

Malheureusement, les huiles bon marché sont souvent produites par un procédé d'extraction par solvant, l'hexane, un dérivé du pétrole (ouache). Dans ce processus, l'huile est chauffée et perd énormément de propriétés. Se mettre du sérum à base d'huile de canola raffinée quotidiennement sur le visage reviendrait à peu près à manger du Kraft Dinner tous les jours. Ça fait la job, mais on repassera pour les propriétés nutritives! Gardez en tête que les ingrédients *cheap* sont généralement beaucoup moins efficaces et intéressants en ce qui a trait aux bienfaits pour la peau.

Les quelques petites notions de base vues dans ce chapitre devraient vous avoir éclairée pour partir du bon pied dans la confection de vos recettes. À vos ustensiles! On embarque dans la popote au prochain chapitre.

SOINS COSMÉTIQUES MINIMaLISTES

**Tu sais que
tu es grano
quand...**
tu peux t'exfolier
et récurer
ta toilette
avec le même
ingrédient.

Ce vieux pot de crème contour des yeux que vous conservez depuis des années «d'un coup que», ou bien ce fameux sérum pour le pli de coude que vous n'avez jamais osé utiliser parce qu'il a coûté la peau des fesses, ça vous dit quelque chose? Sachez qu'avant que l'on fasse la transition vers une routine de soin simple, l'armoire de toilette de chacune de nous trois débordait de produits: cinq déodorants en rotation parce qu'aucun ne faisait réellement effet, une crème pour peau grasse qui asséchait la peau, une crème pour peau sèche pour contrer l'effet de la crème pour peau grasse, un démaquillant de base, un gel douche supposé vivifier, un lait nettoyant pour le visage, un toner, un sérum précrème, une crème de jour, une autre de nuit... Le bordel, quoi.

Ce qu'on vous propose ici, en plus de vous partager nos meilleures recettes, c'est d'abord de modifier votre manière de vous bichonner, c'est-à-dire de simplifier votre routine au minimum, et ce, sans pour autant couper sur l'efficacité. Dites au revoir aux multiples pots et tubes qui encombrent votre salle de bain.

Dans «notre livre à nous» (tudum-tchi!), il existe seulement deux grands principes à respecter pour avoir une peau et des cheveux en bonne santé: les nettoyer et les protéger! Basta. Mais là, on vous entend: «Et l'hydratation, elle?» N'ayez crainte, l'hydratation fait partie intégrante du principe de protection. Pas de peau sèche ni de cheveux cassants à l'horizon!

La routine de soin minimaliste: nettoyer et protéger

Avant d'entrer dans le vif du sujet (les recettes!), laissez-nous vous présenter les grandes lignes de notre routine de soin minimaliste.

Contrairement à ce que tente de nous faire croire l'industrie cosmétique, la peau a besoin de très peu de choses pour être en bonne santé. L'humain, comme les autres animaux, est issu de l'environnement et dispose d'un paquet d'avantages naturels pour s'y adapter. Ce dont il manque en matière d'adaptation biologique (par exemple de la fourrure pour survivre dans des conditions polaires arides), il le compense par sa capacité à créer des outils répondant à ses besoins (la confection de vêtements d'hiver). Bien que l'humain dépende de la culture dans sa vie de tous les jours, contrairement aux animaux non humains, *Homo sapiens* n'a certainement pas comme trait évolutif le besoin d'appliquer 500 ingrédients par jour sur sa peau pour la maintenir en bonne santé. Il serait d'autant plus faux de croire que nos ancêtres avaient tous les cheveux sales avant l'invention du shampoing, ou les lèvres craquelées en hiver avant l'arrivée du Labello. Tsé.

Première étape de la routine de soin

Nettoyer la peau et les cheveux afin d'en retirer les saletés. Cette étape est d'autant plus importante si on se maquille sur une base régulière. De nos jours, la majorité des produits utilisés pour se laver sont fabriqués à base de surfactants (comme le SLS, voir à la page 18), qui ont la fâcheuse habitude de décaper le sébum naturel de la peau, ce qui, à la longue, cause des déséquilibres, avec pour conséquence l'assèchement de la peau ou la surproduction de sébum.

Dans notre routine simple, bien qu'on ne boude pas les gels douche ni les shampoings, on propose plutôt des recettes et des techniques qui peuvent «nettoyer» en douceur sans retirer tout le sébum de la peau et des cheveux, question de les garder en bonne santé et équilibrés.

Deuxième étape de la routine de soin

Protéger la peau et la chevelure. Par protection (outre l'importance de protéger sa peau du soleil), on fait référence au fait de prévenir et de guérir, lorsque cela est nécessaire, la déshydratation. En temps normal, le sébum naturel devrait suffire pour garder la peau hydratée. Or, il peut arriver, pour différentes raisons, qu'elle s'assèche: déshydratation générale du corps, sous-production de sébum, eau chlorée, climat et température extérieure, nettoyants irritants, crème hydratante trop légère, etc. Pour éviter ou guérir la sécheresse, il faut savoir identifier la cause et cerner les besoins réels de notre peau.

Pour prévenir la déshydratation, trois conseils:
• boire beaucoup d'eau;
• utiliser des nettoyants doux;
• nourrir sa peau.

Et nourrir sa peau se fait à l'aide d'un soin composé d'une phase huileuse (par exemple un beurre, une crème riche).

ATTENTION! *Les crèmes sont moins nourrissantes que les beurres et parfois elles ne sont pas suffisantes en hiver! Le but ici est de seconder le sébum dans son rôle protecteur en appliquant sur la peau une substance qui lui ressemble et qui empêchera l'eau des cellules cutanées de s'évaporer tout en contrant les agressions extérieures (le vent, le froid) qui pourraient l'abîmer. Pour guérir une peau déshydratée, on suggère aussi de lui appliquer un cosmétique contenant une phase aqueuse afin de l'hydrater de façon topique. Or, pour ne pas que l'eau s'évapore, on doit combiner la phase aqueuse avec une phase huileuse, idéalement un beurre. On choisira donc soit d'appliquer une crème (crème = émulsion d'une phase aqueuse + phase huileuse), soit de mélanger directement dans le creux de sa main une phase aqueuse (hydrolat, gel d'aloès) à un beurre ou à un sérum avant de l'appliquer sur la peau. Voyez aussi à ce que votre déshydratation ne soit pas causée par votre nettoyant, ce qui ne ferait que créer un cercle vicieux.*

Notez que, dans les pages qui suivent, on propose bel et bien plusieurs recettes. Plus que moins en fait. Mais l'idée n'est pas de voir notre routine de soin comme la marche à suivre d'un livre d'instructions IKEA. Vous ne vous maquillez pas, vous avez pris l'habitude de vous nettoyer le visage seulement à l'eau et vous obtenez de très bons résultats? Super, ne changez rien à votre routine gagnante! Après vous être démaquillée avec une huile nettoyante, vous sentez que votre peau est douce et hydratée? Alors vous pouvez *skipper* l'étape de la protection supplémentaire (sauf en hiver). L'important est de voir votre routine de soin comme une réponse aux besoins de votre peau, et d'accepter que ces besoins puissent changer d'une saison à l'autre, voire d'une journée à l'autre. Oubliez les routines préétablies démaquillant-lotion tonique-sérum-crème: adoptez une routine souple... et «écoutez» votre peau!

La routine de soin du visage de Mariane

Je suis très, très minimaliste côté nettoyage. Depuis plusieurs années, comme je ne me maquille que les yeux (que je démaquille avec une huile démaquillante), je nettoie ma peau seulement à l'eau. J'ai réglé beauuuuuucoup de problèmes de cette façon, dont l'acné et la surproduction de sébum. Parfois, je troque ma débarbouillette pour une éponge konjac, car elle est plus douce sur ma peau et l'exfolie en même temps. Ensuite, j'applique soit une crème (en été), soit un beurre, auxquels je mélange une lotion tonique (été et hiver). Il arrive, en été, qu'après le nettoyage, j'applique seulement une lotion tonique, car mon sébum naturel est suffisant. L'exfoliation? Une fois de temps en temps. Quand je sens que ma peau est plus sèche en surface, je me masse avec un beurre exfoliant et le tour est joué!

ATTENTION! *Notre routine de soin minimaliste a été testée et approuvée à de nombreuses reprises par nos lectrices, mais il serait faux de la voir comme une solution miracle. Bien que nettoyer et protéger restent deux principes de base qui influent sur la santé de la peau, plusieurs autres facteurs peuvent provoquer des problèmes cutanés, comme les hormones ou le stress. Évidemment, on n'enraye pas une acné hormonale aussi facilement qu'on peut régler un problème de peau asséchée par un surfactant trop puissant.*

En route vers l'autonomie : l'adaptabilité des recettes

Les recettes qui suivent sont présentées selon les parties du corps sur lesquelles elles sont utilisées, soit le visage (incluant les yeux et la bouche), le corps et les cheveux, puis selon l'ordre logique d'une routine de soin minimaliste, c'est-à-dire nettoyer d'abord, protéger ensuite. Les recettes pour la peau du visage qui conviennent aux yeux sont marquées de l'icône 👁 .

Une des beautés du DIY est la possibilité d'inventer ses propres recettes ou, du moins, de savoir personnaliser les recettes proposées. Dans les prochaines pages, nous présentons différentes recettes et canevas que vous aurez la liberté d'adapter à vos besoins. De cette façon, vous atteindrez plus rapidement l'autonomie. Afin de vous outiller davantage et de vous accompagner dans le processus, vous trouverez aux pages 90-91 une petite liste d'ingrédients à privilégier selon les différents types de peau et leurs particularités. Tout au long du chapitre, nous vous proposerons aussi des astuces pour vous aider à mieux naviguer dans le monde du DIY !

Toutes les recettes de notre livre qui ne contiennent pas de phase aqueuse peuvent se conserver très longtemps, plusieurs mois, voire 1 an et des poussières. Cependant, le temps de conservation réel dépend des ingrédients utilisés, car chaque huile et beurre possède sa propre tolérance au rancissement, qui fait varier sa durée de vie (voir le chapitre 2).

Pour prolonger la durée de vie des recettes, on peut ajouter de la vitamine E, un antioxydant naturel. Prenez aussi l'habitude de considérer vos produits comme de la nourriture pour la peau et de les sentir avant de vous en servir !

Vous êtes végane ? Remplacez la cire d'abeille dans nos recettes par 50 % de cire de cadelilla, et le tour est joué !

Les bonnes combinaisons d'ingrédients selon vos besoins

PEAU NORMALE, SÈCHE OU TRÈS SÈCHE

- **Huiles** : tournesol, chanvre, caméline, jojoba, argan, coco
- **Beurres** : karité, mangue, cacao
- **Huiles essentielles** : bois de hô, palmarosa, sauge officinale
- **Hydrolats** : rose de Damas, fleur d'oranger (néroli)

PEAU GRASSE

- **Huile** : jojoba
- **Beurres** : karité, mangue
- **Huiles essentielles** : lavande officinale, géranium rosat
- **Hydrolats** : lavande officinale, hamamélis, rose de Damas, sarriette

PEAU MIXTE

- **Huile** : jojoba
- **Beurres** : karité, mangue
- **Huiles essentielles** : romarin à verbénone, lavande officinale
- **Hydrolats** : romarin à verbénone, lavande officinale

PEAU ACNÉIQUE

- **Huile** : jojoba
- **Beurres** : karité, mangue
- **Huiles essentielles** : lavande officinale, tea tree, cèdre Atlas, palmarosa, bois de hô, épinette noire
- **Hydrolats** : lavande officinale, achillée millefeuille, camomille

PEAU MATURE

- **Huiles** : caméline, argan, rose musquée
- **Beurres** : karité, mangue, cacao
- **Huiles essentielles** : bois de hô, géranium rosat, sauge sclarée, lavande officinale, ylang-ylang
- **Hydrolats** : rose de Damas

PEAU ABÎMÉE ET IRRITÉE

- **Huiles** : tournesol, caméline, argan, rose musquée, ricin
- **Beurre** : karité
- **Huiles essentielles** : lavande officinale, camomille
- **Hydrolats** : bleuet (centaurée), camomille

PEAU SENSIBLE

- **Huiles** : caméline, jojoba, ricin
- **Beurre** : karité
- **Huiles essentielles** : ylang-ylang, géranium rosat, lavande officinale, achillée millefeuille
- **Hydrolats** : camomille, lavande officinale, rose de Damas, bleuet (centaurée), fleur d'oranger (néroli), hamamélis, achillée millefeuille

Les soins pour le visage

LES HUILES NETTOYANTES

Pour se nettoyer / démaquiller le visage et les cils, on compte sur deux types de produits : l'huile nettoyante et le nettoyant biphasé.

«Quoi ?» demandez-vous, perplexe. «Se nettoyer le visage avec... de l'huile ?» Oui, oui ! Ça peut sembler contre-indiqué, mais ça fonctionne à merveille, surtout pour déloger le maquillage hydrofuge. En plus d'enlever la saleté, l'huile laisse sur la peau un léger film protecteur. Promis, ça ne rend pas la peau grasse ; au contraire, elle sera plutôt douce et, à long terme, hydratée.

L'idée derrière un nettoyant biphasé est de combiner l'effet nettoyant de l'huile végétale à l'effet hydratant d'une phase aqueuse. Il peut s'agir d'une eau minérale, d'un hydrolat ou d'un gel / jus d'aloès, par exemple.

Notez que nous n'avons pas ajouté d'huiles essentielles dans les recettes des deux nettoyants suivants afin de les rendre plus polyvalents ; ils pourront ainsi être utilisés tant pour la peau que pour les yeux.

ATTENTION ! *Les huiles essentielles sont très puissantes et peuvent irriter les muqueuses. Il vaut donc mieux s'abstenir d'en utiliser dans les cosmétiques destinés au contour des yeux. Si vous tenez absolument à en inclure dans ce genre de produit pour leurs propriétés, consultez un.e aromathérapeute !*

Pas envie de vous casser le bécik avec une recette d'huile démaquillante ? Utilisez simplement votre huile végétale préférée et hop ! dans le visage ! Vous pouvez vous baser sur les indices de comédogénicité de l'huile choisie (voir le tableau à la page 33).

Huile nettoyante «grosse job»

Quantité : 100 ml
Conservation : 6-12 mois dans un endroit sec, à l'abri de la lumière

*70 ml d'huile végétale ou de macérât huileux
au choix (voir l'encadré sur le sujet
à la page 96)*

•

*30 ml d'huile de jojoba
OU
20 ml d'huile
de jojoba + 10 ml d'huile de ricin**
(pour une huile démaquillante pour les yeux)

•

5 gouttes de vitamine E (facultatif)

Préparation

Mélanger tous les ingrédients dans
un contenant à pipette

Utilisation

Pour le visage : verser environ
½ cuillerée à thé au creux de
la main, puis masser délicatement
la peau. Essuyer avec une
débarbouillette mouillée à l'eau
chaude.

Pour les yeux : ajouter un.peu de
produit à un tampon démaquillant
(mouillé ou non) et appliquer sur les
yeux en faisant des mouvements
circulaires. Essuyer avec une
débarbouillette mouillée à l'eau
chaude pour enlever le surplus
d'huile et éliminer les dernières
impuretés. C'est tout !

**Psitt ! Saviez-vous que l'huile de ricin est une incontournable du soin des
cheveux, mais aussi des cils ? Eh oui ! Elle les fortifie et les rend plus fournis,
naturellement. Cils de chameau à l'horizon !*

Nettoyant «p'tite jobine»

Quantité : 100 ml
Conservation : 2 semaines au frigo sans conservateur ; jusqu'à 1 mois avec l'ajout d'un conservateur, dans un endroit sec, à l'abri de la lumière

40 ml d'hydrolat au choix

•

*60 ml d'huile végétale
ou de macérât huileux au choix
OU
50 ml d'huile végétale ou
de macérât huileux au choix + 10 ml d'huile
de ricin (pour un nettoyant biphasé
pour les yeux)*

•

*5 gouttes d'extrait de pépins de pamplemousse
(facultatif, conservateur naturel)*

Préparation

Mélanger tous les ingrédients dans un flacon stérile.

Utilisation

Bien agiter le flacon avant chaque utilisation.

Pour le visage : verser environ ½ cuillerée à thé au creux de la main, puis masser délicatement la peau. Essuyer avec une débarbouillette mouillée à l'eau chaude.

Pour les yeux : ajouter un peu de produit à un tampon démaquillant (mouillé ou non) et appliquer sur les yeux en faisant des mouvements circulaires. Essuyer avec une débarbouillette mouillée à l'eau chaude pour enlever le surplus d'huile et éliminer les dernières impuretés. C'est tout !

Après avoir utilisé mon huile nettoyante le soir, très souvent je n'applique rien d'autre sur mon visage, car je sens que ma peau est déjà bien protégée par le film résiduel de l'huile. Prendre soin de sa peau en faisant l'économie de cosmétiques superflus, on aime ça !

En passant...

Fabriquez vos propres macérâts huileux

La fabrication d'un macérât huileux, soit par macération, soit par infusion de plantes dans l'huile, permet de profiter des propriétés des plantes autrement que par l'utilisation des huiles essentielles, comme dans le cas du calendula qu'on ne trouve pas sous cette forme dans le commerce, ou de l'huile essentielle de camomille qui coûte la peau des fesses, ha! ha! En outre, produire ses propres macérâts est peu coûteux.

LE CHOIX DE L'HUILE

Il est préférable d'opter pour une huile peu susceptible de s'oxyder à température ambiante, comme l'huile d'olive qui est un excellent support pour les macérâts huileux. Vous avez, comme nous, un petit penchant pour l'huile de tournesol locale? Comme elle est plus sensible à l'oxydation, prenez soin de lui ajouter de la vitamine E aux propriétés antioxydantes, et le tour est joué! (Voir la section sur les huiles à la page 31.)

PLANTES FRAÎCHES OU PLANTES SÉCHÉES?

Si vous choisissez des plantes fraîches, il est important de les cueillir lorsque la rosée du matin s'est dissipée ou, mieux, durant la journée en plein soleil afin d'éviter d'incorporer de l'eau au macérât. On suggère de les faire légèrement flétrir à l'ombre, dans un endroit aéré, pendant environ 2 jours. Afin de tirer profit le plus possible des propriétés des plantes fraîches, coupez-les, hachez-les ou, encore mieux, broyez-les à l'aide d'un pilon et d'un mortier avant de procéder à la macération. Pour ce qui est des plantes séchées, il faut les choisir biologiques et vous assurer qu'elles sont encore bien odorantes. (Voir nos suggestions de plantes à utiliser à la page 58.)

OPTION «VITE ÇA PRESSE»: INFUSION À CHAUD

Remplir un pot Mason de plantes selon la quantité désirée. Verser l'huile sur les plantes pour qu'elle les recouvre de 2,5 cm (1 po) environ. Déposer le pot Mason dans une casserole contenant un peu d'eau pour faire un bain-marie. Chauffer à feu doux pendant environ 1 heure. Filtrer. Laisser refroidir avant de mettre un couvercle.

MÉTHODE TRADITIONNELLE: MACÉRATION À FROID

Remplir un pot Mason de plantes selon la quantité désirée. Verser l'huile sur les plantes pour qu'elle les recouvre de 2,5 cm (1 po) environ. Bien refermer avec un couvercle. Laisser macérer de 4 à 6 semaines. Filtrer.

LE LINIMENT OLÉOCALCAIRE

Qui dit naturel et multifonctionnel dit aussi produit essentiel pour toute armoire de toilette grano! Le liniment oléocalcaire est un excellent démaquillant (il est capable de nettoyer n'importe quel mascara du marché!), une merveilleuse crème fluide qui soulage la peau sèche et un soin bienfaisant pour l'eczéma du visage et du corps. On peut même s'en servir pour les massages. Il est souvent utilisé sur les tout-petits pour contrer la dermatite séborrhéique, communément appelée «chapeau» ou «croûte de lait», sans compter qu'il est un excellent nettoyant sans rinçage pour le popotin, compatible avec les couches lavables. Pas mal le summum en termes de multifonctionnalité! D'autant plus qu'il s'agit d'un produit vraiment facile à faire à la maison, et ce, même pour les non-initiés.

Liniment maison 👁

Quantité: 210 ml
Conservation: 2 semaines sans conservateur; jusqu'à 6 mois avec conservateur naturel

10 ml de cire d'abeille
•
10 ml de beurre de karité
•
90 ml d'huile végétale ou de macérât huileux au choix
•
100 ml d'eau de chaux (hydroxyde de calcium)
•
5 gouttes d'extrait de pépins de pamplemousse (facultatif, conservateur naturel)

Préparation

1. Dans un bain-marie, faire fondre la cire d'abeille et le beurre de karité dans l'huile.

2. Retirer du feu et laisser refroidir quelques minutes.

3. Incorporer l'eau de chaux en filet et battre vigoureusement à l'aide d'un appareil électrique.

4. Ajouter l'extrait de pépins de pamplemousse, si désiré, et bien mélanger.

5. Laisser refroidir complètement le mélange avant de l'entreposer dans un contenant à pompe ou compressible.

LES LOTIONS TONIQUES

Une lotion tonique possède plusieurs fonctions dans le cadre d'une routine de soin : nettoyer une peau qui n'a pas besoin d'un grand nettoyage en éliminant simplement le sébum excédentaire ; la tonifier entre l'étape de nettoyage et la protection ; l'apaiser si elle est irritée ; l'hydrater lorsque la lotion tonique est appliquée de concert avec un beurre ou un sérum. C'est l'équivalent du *toner* commercial, mais nos options sont encore plus adaptables ! Les possibilités de recettes sont MULTIPLES. Il existe typiquement deux bases pour fabriquer une lotion tonique maison : le vinaigre de cidre et l'hydrolat.

Le vinaigre de cidre est très populaire dans les soins minimalistes. Son pH est similaire à celui de la peau et il possède d'intéressantes propriétés anti-inflammatoires et antiseptiques. Bonus : il s'en fabrique de l'excellent au Québec ; parce qu'ici les pommes en voulez-vous, en v'là ! Le gros fun des *toners* à base de vinaigre, c'est de les « pimper » en y faisant macérer des plantes médicinales afin de profiter de leurs bienfaits (voir le chapitre 2 à la page 58).

Les hydrolats, eux, renferment à l'origine les propriétés médicinales des plantes ou des fleurs avec lesquelles ils ont été fabriqués. Il est intéressant de mélanger deux ou trois plantes différentes pour tirer profit de l'effet de chacune d'entre elles, par exemple une lotion tonique à l'hydrolat de lavande et d'achillée millefeuille pour traiter une peau acnéique.

*Vous pouvez utiliser le vinaigre de cidre et l'hydrolat « vierge »
directement sur la peau, c'est-à-dire sans modification préalable.
Il suffit d'en imbiber un tampon démaquillant et de le passer
sur l'épiderme. C'est tout simple !*

Lotion tonique du rat marin

Quantité : 250 ml
Conservation : plus de 1 an

Feuilles de romarin en quantité suffisante*

•

Fleurs de camomille en quantité suffisante*

•

Vinaigre de cidre

Préparation

Voir l'encadré sur les teintures mères à la page 103 pour la procédure complète.

1. Remplir la moitié d'un pot Mason stérile de 250 ml avec les feuilles de romarin et les fleurs de camomille.

2. Remplir le pot de vinaigre de cidre et fermer hermétiquement.

3. Laisser macérer 4 semaines.

4. Filtrer en écrasant bien les plantes pour en extraire tout le jus. Verser dans un vaporisateur stérile.

Utilisation

En lotion tonique : mettre 3 jets dans le creux de la main et appliquer sur le visage pour le nettoyer ou l'apaiser.

En soin hydratant : ajouter 1 jet de lotion tonique à un sérum ou à un beurre, puis appliquer sur le visage pour l'hydrater.

* Vous pouvez aussi utiliser les plantes de votre choix. Voir la liste à la page 58.

Plusieurs entreprises locales offrent des tampons démaquillants lavables. Pas envie d'investir ? Vous pouvez facilement les faire vous-même en coupant quelques petits carrés de débarbouillettes, de t-shirts ou de draps de coton pour leur donner une deuxième vie. Tout simple, écologique et économique !

Lotion tonique florale Tropicana

Quantité : 115 ml
Conservation : 2 semaines au frigo sans conservateur ; 1 mois au frigo avec conservateur naturel

50 ml d'hydrolat de fleur d'oranger
(ou d'hydrolat au choix)

•

50 ml d'hydrolat de camomille
(ou d'hydrolat au choix)

•

15 ml de jus d'aloès 100 % naturel
(facultatif)

•

6 gouttes d'extrait de pépins de pamplemousse
(facultatif, conservateur naturel)

Préparation

Verser tous les ingrédients dans un vaporisateur stérile. Agiter. C'est tout !

Utilisation

Bien agiter le flacon avant chaque utilisation.

En lotion tonique : mettre 3 jets de lotion tonique florale dans le creux de la main et appliquer sur le visage pour le nettoyer ou l'apaiser.

En soin hydratant : ajouter 1 jet de lotion tonique florale à un sérum ou à un beurre, puis appliquer sur le visage pour l'hydrater.

En passant...

Fabriquez
vos propres teintures mères

L'utilisation de teintures mères en cosmétique permet de profiter des propriétés des plantes principalement via les lotions toniques et les revitalisants capillaires (voir nos suggestions de plantes à utiliser à la page 58. Le vinaigre de cidre est le solvant idéal. On fabrique les teintures mères avec des plantes fraîches ou séchées. Si vous optez pour des plantes fraîches, consultez la section sur la fabrication des macérâts huileux à la page 96, pour prendre les mêmes précautions.

Remplir la moitié d'un pot Mason de plantes fraîches grossièrement hachées ou de plantes sèches. Verser le vinaigre de cidre sur les plantes (la proportion est 1 part de plantes pour 2 parts de vinaigre de cidre).

Couvrir le goulot d'une pellicule de plastique, puis déposer le couvercle de métal (afin d'éviter l'oxydation de la teinture). Fermer hermétiquement et laisser macérer 1 mois à l'abri de la lumière. Pendant la macération, donner un peu d'amour à la teinture en agitant son contenant aux 2 ou 3 jours.

Les plantes ayant tendance à absorber le solvant, surtout au début du processus, assurez-vous qu'elles sont toujours recouvertes de vinaigre de cidre. Ajoutez-en au besoin. Après 1 mois de macération, filtrer et presser les plantes (sans trop les écraser) pour bien récupérer les principes actifs. La teinture mère se conserve 3 ans.

LES MASQUES À L'ARGILE

Les masques sont des nettoyants intéressants à intégrer dans une routine de soin, de façon mensuelle ou hebdomadaire. Ceux à base d'argile permettent de nettoyer la peau en profondeur en lui extirpant ses impuretés. Idéalement, on prépare notre poudre de masque à l'avance et on la conserve dans un contenant hermétique jusqu'au jour J ; au moment choisi, on prélève seulement la quantité dont on a besoin. De cette façon, le mélange se conservera longtemps.

Masques de terre pour peau normale/sensible

Quantité : 60 ml
Conservation : illimitée sous forme de poudre de masque

45 ml d'argile blanche ou grise (pâle)

•

15 ml de poudre d'avoine

•

10 ml d'eau ou d'hydrolat (au choix)

•

1 ml d'huile végétale (facultatif)

OU

50 ml d'argile rose

•

10 ml de poudre de pétales de rose

•

10 ml de lait végétal au choix

•

1 ml d'huile végétale au choix (facultatif)

Préparation

1. Mélanger les ingrédients secs seulement (argile et poudre). Conserver cette poudre de masque dans un pot hermétique.

2. Au moment de faire le masque, prélever 10 ml d'ingrédients secs et mélanger dans un bol avec l'eau ou l'hydrolat, ou le lait végétal.

3. Ajouter l'huile végétale, si désiré, pour obtenir un masque nourrissant.

Utilisation

Appliquer sur la peau propre avec les doigts ou un pinceau. Laisser agir environ 10 minutes. Retirer à l'aide d'une débarbouillette mouillée à l'eau chaude.

… et pour peau mixte/grasse

Quantité : 60 ml
Conservation : illimitée sous forme de poudre de masque

40 ml d'argile verte

•

15 ml de poudre d'avoine

•

5 ml de bicarbonate de soude

•

10 ml d'eau ou d'hydrolat au choix

•

1 ml d'huile de jojoba (facultatif)

Préparation

1. Mélanger les ingrédients secs seulement (argile, poudre et bicarbonate). Conserver cette poudre de masque dans un pot hermétique.

2. Au moment de faire le masque, prélever 10 ml d'ingrédients secs et mélanger dans un bol avec l'eau ou l'hydrolat.

3. Ajouter l'huile végétale, si désiré, pour obtenir un masque nourrissant.

Utilisation

Appliquer sur la peau propre avec les doigts ou un pinceau. Laisser agir environ 10 minutes. Retirer à l'aide d'une débarbouillette mouillée à l'eau chaude.

Créer son propre masque pour le visage est simple comme bonjour et l'occasion idéale de donner libre cours à son imagination. Mon secret pour une peau douce ? J'ajoute un ingrédient adoucissant à ma recette, comme de la poudre d'avoine, du lait végétal, de l'huile végétale, du gel d'aloès, du bicarbonate de soude ou du miel. L'huile végétale, facultative, laissera un léger film protecteur sur la peau. Parfait quand je ne souhaite pas faire suivre mon masque d'un autre soin.

Masque Oompa Loompa

Rendement : 1 ou 2 utilisations
Conservation : jusqu'à 2 semaines au frigo

2,5 ml de curcuma
•
5 ml de poudre d'avoine
•
2,5 ml de miel ou de sirop d'érable
•
30 ml de yogourt nature
(animal ou végétal)

Préparation

Mélanger tous les ingrédients afin de former une pâte.

Utilisation

Enfiler un vieux t-shirt parce que le curcuma, ÇA TACHE ! Appliquer le masque avec une cuillère, un pinceau ou les doigts. Laisser sécher sur la peau environ 15 minutes. Retirer à l'aide d'une vieille débarbouillette (est-ce qu'on vous a dit que ça tachait ?) mouillée à l'eau chaude. Porter une attention particulière à la ligne des cheveux. Sécher le visage avec une vieille serviette (il pourrait rester des traces de curcuma). Procéder au nettoyage final (appelé aussi le « dé-oompa-loompage ») : appliquer quelques gouttes d'huile végétale sur la peau, en massant. Ajouter un peu d'eau tiède pour créer une émulsion. Retirer l'huile à l'aide de votre vieille débarbouillette d'eau chaude. Répéter au besoin.

Vous avez lu « curcuma » et appréhendez un look à la Simpson ?
N'ayez crainte : on a testé cette recette maintes et maintes fois
et on n'est pas virées orange !

LES EXFOLIANTS

La fabrication d'un exfoliant à partir d'ingrédients du garde-manger devient tellement simplissime que même votre furet pourrait y arriver. Lorsqu'on concocte un exfoliant pour le visage, il faut choisir des ingrédients doux, avec un grain très fin. Pour le reste du corps, on peut y aller avec des ingrédients plus grossiers, mais pour le visage, on le répète, on y va mollo.

Les poudres exfoliantes à privilégier sur le visage :
• **Bicarbonate de soude**
• **Avoine en poudre**
• **Farine d'amande**
• **Farine de coco**
• **Fleurs et herbes moulues** : calendula, camomille, hibiscus, rose
• **Marc de café** : mouture très très fine, style espresso. Certaines peaux sensibles n'aiment pas le marc de café. Faire un test sur une petite partie du visage avant l'utilisation.

On concocte nos exfoliants sous deux formes : les pâtes et les exfoliants fouettés.

Préparer une **pâte exfoliante** pour le visage est l'option simplicité : il suffit de mélanger un des ingrédients exfoliants ci-dessus à un peu de miel et/ou d'huile végétale pour en faire une pâte facilement applicable. Pas plus sorcier ! L'exfoliant enlève les peaux mortes qui s'accumulent sur l'épiderme, alors que le miel et l'huile viennent adoucir la peau et la protéger. À noter que le miel possède des propriétés antibactériennes et cicatrisantes non négligeables.

Un peu moins simple, mais pas compliqué pour autant : le **beurre fouetté exfoliant**. C'est un de nos soins préférés. Il suffit d'ajouter un des ingrédients exfoliants de la liste ci-dessus à une recette de beurre fouettée pour le visage au moment du fouettage. On met combien de poudre exfoliante ? On en met comme on veut, hé ! hé ! Allez-y selon vos préférences et n'hésitez pas à ajuster nos recettes.

Pâte exfoliante lissante espresso

Rendement : 1 utilisation

2,5 ml de marc de café

•

2,5 ml d'huile végétale

•

5 ml de miel

Préparation

Juste avant l'exfoliation, mélanger tous les ingrédients pour former une pâte.

Utilisation

Appliquer sur une peau humide. Masser doucement en faisant de petits mouvements circulaires. Retirer avec une débarbouillette mouillée à l'eau chaude.

Pâte exfoliante minute bic et miel

Rendement : 1 utilisation

2,5 ml de bicarbonate de soude

•

5 ml de miel

Préparation

Juste avant l'exfoliation, mélanger le bicarbonate et le miel pour former une pâte.

Utilisation

Appliquer sur une peau humide. Masser doucement en faisant de petits mouvements circulaires. Retirer avec une débarbouillette mouillée à l'eau chaude. Une application par mois suffit pour les peaux sensibles.

Beurre fouetté exfoliant Flower Power

Quantité : 60 ml
Conservation : 6-12 mois dans un endroit sec, à l'abri de la lumière

30 ml de beurre de karité

•

20 ml d'huile végétale ou de macérât huileux au choix

•

10 à 20 ml de fleurs de calendula et de camomille moulues

•

3 gouttes de vitamine E (facultatif)

Préparation

1. Dans un bain-marie, faire fondre le beurre de karité dans l'huile.

2. Refroidir le mélange au congélateur de 5 à 10 minutes, jusqu'à ce qu'il commence à durcir. Ne pas laisser durcir complètement.

3. Fouetter vigoureusement avec un appareil électrique. Ajouter le reste des ingrédients et fouetter pendant environ 10 minutes, ou jusqu'à ce que la texture soit semblable à une crème fouettée.

4. Transférer dans un pot hermétique. Stabiliser au réfrigérateur pendant 10 à 15 minutes avant la première utilisation.

Utilisation

Appliquer sur une peau humide. Masser doucement en faisant de petits mouvements circulaires. Retirer avec une débarbouillette mouillée à l'eau chaude.

Si on ne se maquille pas, l'éponge konjac est une option simplissime pour nettoyer la peau. Originaire d'Asie, elle est à base de racine de konjac (Amorphophallus konjac). Pour l'utiliser, on l'imbibe d'eau jusqu'à ce qu'elle soit bien gonflée, puis on effectue de petites rotations partout dans le visage et le cou pour un nettoyage en profondeur. Pas besoin de lui ajouter de savon ou un quelconque produit. En raison de sa douceur, on peut l'utiliser tous les jours pour se nettoyer et s'exfolier le visage. Après chaque utilisation, on la rince bien avec de l'eau chaude. Elle se conserve environ 3 mois. Ensuite, hop ! au compost !

LES SÉRUMS

Vous connaissez le vieil adage «dans les petits pots, les meilleurs onguents»? Ici, on aime bien dire à propos des sérums «dans les petits flacons, les meilleures huiles». Fluide magique pour le visage, le sérum est un petit produit de luxe de l'armoire de toilette.

Sérum à toutes les sauces

Quantité : 15 ml
Conservation : 6-12 mois dans un endroit sec, à l'abri de la lumière

10 ml d'huile de jojoba
•
5 ml d'huile au choix*
•
6 gouttes d'huile essentielle au choix*
•
1 goutte de vitamine E (facultatif)

Préparation

Mettre tous les ingrédients dans un contenant à pipette. Agiter.

Utilisation

Appliquer de 2 à 4 gouttes sur la peau propre du visage et du cou, matin et soir. Le sérum peut être utilisé de concert avec une crème ou un beurre.

*Voici nos suggestions d'huiles et d'huiles essentielles à combiner selon votre type de peau :

• **Peau sensible, mature ou abîmée** : huile de caméline, d'argan ou de rose musquée ; huile essentielle de lavande officinale.

• **Peau mixte ou grasse** : huile de rose musquée ; huiles essentielles de géranium rosat et de lavande officinale.

• **Peau sèche** : huiles de tournesol ou de chanvre.

• **Peau acnéique** : huile de chanvre ; huile essentielle de tea tree, de lavande officinale et de géranium rosat.

LES BEURRES

Les beurres sont parfaits pour prévenir la déshydratation, protéger et nourrir la peau, aussi bien lorsqu'on bâti des châteaux de sable l'été que lorsqu'on fait des bonhommes de neige l'hiver ! Ce sont de super alliés pour combattre les méfaits du soleil, du froid, du vent et tralala.

Pas trop chaude à l'idée de vous appliquer du beurre dans le visage en été ? Mélangez votre beurre à 1 ou 2 poush-poush de lotion tonique ou d'hydrolat pour alléger la consistance du produit et l'aider à pénétrer plus facilement la peau. Ça fera toute la différence !

Beurre d'été, tout léger, tout léger 👁

Quantité : 60 ml
Conservation : 6-12 mois dans un endroit sec, à l'abri de la lumière

30 ml de beurre de karité

•

20 ml d'huile de jojoba

•

*10 ml d'huile végétale
ou de macérât huileux au choix*

•

3 gouttes de vitamine E (facultatif)

Préparation

1. Dans un bain-marie, faire fondre le beurre de karité dans les huiles.

2. Retirer du feu et incorporer, si désiré, la vitamine E.

3. Verser dans un contenant hermétique et laisser figer au frigo.

Utilisation

Appliquer une petite quantité sur le visage et le cou matin et/ou soir, au besoin, en faisant bien pénétrer le beurre.

Beurre du Septentrion 👁

Quantité : 70 ml
Conservation : 6-12 mois dans un endroit sec, à l'abri de la lumière

10 ml de cire d'abeille

•

30 ml de beurre de karité

•

15 ml d'huile végétale
ou de macérât huileux au choix

•

15 ml d'huile de rose musquée

•

3 gouttes de vitamine E (facultatif)

Préparation

1. Dans un bain-marie, faire fondre la cire et le beurre de karité dans les huiles.

2. Retirer du feu et incorporer, si désiré, la vitamine E.

3. Verser dans un contenant hermétique et laisser figer au frigo.

Utilisation

Appliquer une petite quantité sur le visage et le cou matin et/ou soir, au besoin, en faisant bien pénétrer le beurre.

Eh oui, se mettre du beurre dans la face l'été quand il fait chaud, c'est possible avec l'huile de jojoba. Grâce à son fini non gras, elle est parfaite pour la saison estivale : elle équilibre la production de sébum et protège la peau de la déshydratation.

L'hiver, le froid et le vent peuvent facilement abîmer la peau. L'huile de rose musquée est alors un ingrédient de choix dans les cosmétiques parce qu'elle possède de puissantes qualités réparatrices. Le truc pour rendre un beurre plus efficace en hiver ? Lui ajouter de la cire !

LES BAUMES

Les baumes sont tout indiqués pour les parties plus fragiles et capricieuses du visage, comme le contour des yeux et les lèvres. Les baumes nourrissent en profondeur, réparent et protègent ces zones naturellement plus sèches, gercées ou irritées.

Baume Fin de session

Quantité : 30 ml
Conservation : 6-12 mois dans un endroit sec, à l'abri de la lumière

10 ml de cire d'abeille

10 ml de beurre de karité

5 ml de macérât huileux de café

5 ml de macérât huileux de fleurs de bleuet (centaurée)

2 gouttes de vitamine E (facultatif)

Préparation

1. Dans le bain-marie, faire fondre la cire d'abeille et le beurre de karité dans les macérâts.

2. Retirer du feu et incorporer, si désiré, la vitamine E.

3. Verser dans un contenant hermétique et laisser figer au frigo.

Utilisation

Appliquer une petite quantité sur le contour des yeux matin et/ou soir, au besoin.

Vous avez l'impression d'être un hibou en fin de session ? Ce petit baume permet d'apaiser et de revitaliser le contour des yeux fatigués, une région bien souvent négligée. Le café et la fleur de centaurée bleuet sont reconnus pour tonifier la peau, ingrédients parfaits pour se « pimper » le regard !

Les propriétés antioxydantes du café et du thé

Le café contient de la caféine, et le thé de la théine. Mais saviez-vous que les termes «caféine» et «théine» renvoient en fait à une seule et même molécule? Eh oui! Son p'tit nom? La méthylthéobromine, qu'on trouve en plus grande quantité dans le café. En plus de nous donner notre coup de fouet quotidien, elle a aussi de belles propriétés pour la peau. Ce n'est pas pour rien qu'elle entre dans la composition de plusieurs cosmétiques, puisqu'elle est réputée pour réduire l'apparence des cernes. La caféine apaise et tonifie la peau, en plus de réduire les rougeurs et les irritations. Attention au marketing entourant ces produits: ils doivent contenir réellement de la caféine, et ce en quantité suffisante, pour être efficaces.

Baume Babines

Quantité: 45 ml
Conservation: 6-12 mois dans un endroit sec, à l'abri de la lumière

15 ml de cire d'abeille

15 ml de beurre de cacao râpé

15 ml d'huile végétale ou de macérât huileux au choix

3 gouttes de vitamine E (facultatif)

Préparation

1. Dans un bain-marie, faire fondre la cire d'abeille et le beurre de cacao dans l'huile.

2. Retirer du feu et incorporer, si désiré, la vitamine E.

3. Verser dans un contenant hermétique et laisser figer au frigo.

Notre baume à lèvres est utile tant l'été que l'hiver, en traitement ou en prévention. On a une p'tite préférence pour sa version nature puisque le beurre de cacao brut a une délicieuse saveur de chocolat. Il est tout de même possible d'ajouter une vingtaine de gouttes d'huiles essentielles, en veillant à éviter celles qui sont photosensibles et dermocaustiques (voir à la page 59).

Les soins pour le corps

LES EXFOLIANTS

En plus d'éliminer les peaux mortes et de nettoyer en profondeur, l'action mécanique de l'application d'un exfoliant sur le corps est très bénéfique pour la circulation sanguine. C'est l'équivalent d'un massage relaxant sous la douche. De plus, les recettes d'exfoliants corporels sont parfaites pour recycler notre marc de café, nos vieilles feuilles de thé, ou encore les fleurs filtrées des macérâts huileux. Pas de gaspillage!

Les ingrédients exfoliants à privilégier sur le corps :
- **Marc de café** : mouture fine
- **Sel fin** : d'Epsom, de mer, de l'Himalaya
- **Sucre** : blanc, brun, de coco
- **Pierre ponce en poudre**
- **Fleurs et herbes séchées**
- **Graines de pavot**

On apprécie deux types d'exfoliants : les pâtes sablées et les beurres fouettés.

Dans les recettes d'exfoliants «secs», on aime beaucoup l'huile de coco, car elle est solide sous les 23-26 °C et donne une belle texture à l'exfoliant. Évidemment, si vous n'en avez pas, vous pouvez la remplacer par n'importe quelle huile végétale de base (olive, tournesol, par exemple).

Le beurre fouetté exfoliant pour le corps se fabrique sur les mêmes bases que celui pour le visage, à la seule différence qu'on lui ajoute un exfoliant un peu plus *rough*.

La routine de soin du corps d'Audrey

Ma peau est plutôt sèche, mais depuis que j'utilise des savons artisanaux pour me laver, elle se porte vraiiiiiment mieux. Mieux, mais pas parfaitement équilibrée. Je dois quand même l'hydrater et la nourrir pour qu'elle garde sa souplesse! Mon truc? À la sortie de la douche, lorsque ma peau est humide, j'applique un beurre nourrissant au karité et à l'huile de tournesol macéré au calendula. L'hiver, j'y ajoute même de la cire d'abeille pour en faire un baume, encore plus protecteur. Le corps y passe au complet.

Un petit cadeau que je me fais de temps en temps, c'est de me masser le corps sous la douche avec l'exfoliant Café crème de menthe. Mes jambes lourdes reprennent vie!

Exfoliant Café crème de menthe

Quantité : 125 ml
Conservation : 6-12 mois dans un endroit sec, à l'abri de la lumière

20 ml d'huile de coco

•

75 ml de marc de café

•

30 ml de sucre

•

8 gouttes d'huile essentielle de menthe poivrée

Préparation

1. Faire fondre l'huile de coco au bain-marie.

2. Pendant ce temps, mélanger les ingrédients secs dans un bol.

3. Verser l'huile de coco fondue sur les ingrédients secs et mélanger.

4. Incorporer l'huile essentielle.

Utilisation

Dans la douche, appliquer l'exfoliant sur la peau mouillée (pour favoriser l'adhérence) en effectuant des mouvements circulaires de bas en haut. Masser doucement les parties du corps plus sensibles.

Exfoliant Le p'tit déj' grano

Quantité : 125 ml
Conservation : 6-12 mois dans un endroit sec, à l'abri de la lumière

20 ml d'huile de coco

•

75 ml de sucre brun

•

30 ml de poudre d'avoine

•

1,25 ml d'extrait de vanille naturelle

Préparation

1. Faire fondre l'huile de coco au bain-marie.

2. Pendant ce temps, mélanger les ingrédients secs dans un bol.

3. Verser l'huile de coco fondue sur les ingrédients secs et mélanger ;

4. Incorporer l'huile essentielle.

Utilisation

Dans la douche, appliquer l'exfoliant sur la peau mouillée (pour favoriser l'adhérence) en effectuant des mouvements circulaires de bas en haut. Masser doucement les parties du corps plus sensibles.

Beurre fouetté exfoliant pavot-pamplemousse

Quantité : 250 ml
Conservation : 6-12 mois dans un endroit sec, à l'abri de la lumière

125 ml de beurre de karité

•

125 ml d'huile végétale au choix

•

50 gouttes d'huile essentielle
de pamplemousse*

•

13 gouttes de vitamine E (facultatif)

•

30 ml de graines de pavot

ATTENTION ! *Cette huile essentielle est photosensibilisante et ne peut être appliquée avant une exposition au soleil.*

Préparation

1. Dans un bain-marie, faire fondre le beurre de karité dans l'huile. Retirer du feu, puis incorporer l'huile essentielle de pamplemousse et, si désiré, la vitamine E.

2. Refroidir le mélange au congélateur de 10 à 20 minutes, jusqu'à ce qu'il commence à durcir. Ne pas laisser durcir complètement.

3. Fouetter vigoureusement avec un appareil électrique. Ajouter les graines de pavot et fouetter pendant environ 10 minutes, ou jusqu'à ce que la texture soit semblable à une crème fouettée.

4. Transférer dans un pot hermétique. Stabiliser au réfrigérateur pendant 10 à 15 minutes avant la première utilisation.

Utilisation

Appliquer sur une peau sèche, dans la douche. Rincer.

En passant...

Les outils exfoliants

Pour une bonne exfoliation, on peut utiliser des outils «mécaniques» plutôt que des produits cosmétiques, comme la pierre ponce et l'éponge luffa.

La **pierre ponce** est une roche volcanique très poreuse et à texture rugueuse dont on se sert souvent pour exfolier et adoucir les callosités des pieds et des coudes. Miam. Saviez-vous qu'on produit des pierres ponces au Canada ? Eh oui ! Le mont Meager, dans le sud de la Colombie-Britannique, est exploité pour sa pierre ponce.

L'**éponge luffa**, de son côté, est faite de chair séchée de courge éponge (*Luffa aegyptiaca*), une plante de la famille des cucurbitacées originaire de l'Asie du Sud-Est. Sa texture naturelle rappelle celle du gant de crin. Le luffa est employé principalement pour exfolier la peau du corps, en particulier des jambes. On peut l'utiliser sec ou mouillé, pour une texture plus souple et moins éraflante. On s'en sert aussi souvent pour remplacer les petites éponges jaunes et vertes dans la cuisine. Puisqu'il s'agit d'un fruit, le luffa est compostable en fin de vie.

Pourquoi on n'a pas de recette de savon dans le livre ? Parce que la fabrication de savon naturel par procédé à froid exige une technique complexe qui pourrait faire l'objet d'un livre à elle seule. Il en existe d'ailleurs plusieurs ! En raison de l'utilisation de la soude caustique (hydroxyde de sodium), ingrédient à la base des savons naturels, leur fabrication implique des précautions qui dépassent nos lignes directrices : minimalisme et simplicité.

LES BEURRES NOURRISSANTS

On les adore pour leur onctuosité. C'est presque gourmand de les appliquer, un délice pour la peau ! Les beurres (et les baumes) vont nourrir votre peau en profondeur, favoriser son élasticité et éviter la perte d'eau, contribuant ainsi à préserver son hydratation.

Beurre corporel Fastoche

Quantité : 250 ml
Conservation : 6-12 mois dans un endroit sec, à l'abri de la lumière

125 ml de beurre de karité ou de cacao (ou moitié-moitié)

•

60 ml d'huile de coco

•

60 ml d'huile végétale au choix

•

13 gouttes de vitamine E (facultatif)

•

50 gouttes d'huiles essentielles au choix

•

15 ml de fécule d'arrow-root

Préparation

1. Dans un bain-marie, faire fondre le beurre de karité (ou de cacao) et l'huile de coco dans l'huile végétale.

2. Retirer du feu, puis incorporer la vitamine E, si désiré, et les huiles essentielles.

3. Incorporer la fécule en fouettant. Bien mélanger jusqu'à ce qu'il n'y ait plus de grumeaux.

4. Transférer dans un pot hermétique. Stabiliser au réfrigérateur pendant 10 à 15 minutes avant la première utilisation.

Pour la version fouettée

1. Suivre les étapes de préparation ci-dessus.

2. Refroidir le mélange au congélateur de 10 à 20 minutes, jusqu'à ce qu'il commence à durcir. Ne pas laisser durcir complètement.

3. Fouetter vigoureusement avec un appareil électrique pendant environ 10 minutes, ou jusqu'à ce que la texture soit semblable à une crème fouettée.

4. Transférer dans un pot hermétique. Stabiliser au réfrigérateur pendant 10 à 15 minutes avant la première utilisation.

Utilisation

Appliquer sur le corps matin et/ou soir, au besoin, en faisant bien pénétrer le beurre dans la peau.

LES PAINS NOURRISSANTS

Quand fabriquer son produit nourrissant pour le corps prend moins de temps qu'aller l'acheter à la pharmacie, on aime ça. Pis quand on sait exactement ce qu'il y a dedans et qu'on peut le préparer avec aussi peu que 3 ingrédients, on capote! Ce petit produit fafa s'offre bien en cadeau.

P'tits gâteaux pour la peau

Quantité : 375 ml de préparation à répartir dans les moules de votre choix
Conservation : 6-12 mois dans un endroit sec, à l'abri de la lumière

125 ml de cire d'abeille
•
125 ml de beurre végétal au choix
•
125 ml d'huile végétale au choix
•
20 gouttes de vitamine E (facultatif)
•
75 gouttes d'huiles essentielles au choix
(facultatif)
•
15 ml de fécule d'arrow-root (facultatif)

Préparation

1. Dans un bain-marie, faire fondre la cire et le beurre dans l'huile.

2. Retirer du feu et incorporer, si désiré, la vitamine E, les huiles essentielles et la fécule. Bien mélanger jusqu'à ce qu'il n'y ait plus de grumeaux..

3. Verser dans des moules en silicone (pour faciliter le démoulage). Laisser figer au frigo au moins 3 heures. Ne démouler que lorsque les pains se sont complètement solidifiés.

4. Entreposer dans un contenant hermétique.

Utilisation

Appliquer sur une peau humide. Masser doucement en faisant de petits mouvements circulaires. Laisser pénétrer la peau avant d'enfiler ses vêtements.

LES PRODUITS DE BAIN

Faites-vous couler un bon bain chaud. Avec votre tisane (ou votre verre de vin, c'est selon, ha! ha!), profitez des propriétés douces et hydratantes de vos propres réalisations. Donnez-vous une p'tite tape sur l'épaule: vous êtes *hot*. Vous avez fait vous-même vos truffes, votre sel ou votre lait de bain. Ils sont exempts de produits néfastes pour l'environnement et votre santé. *High five* et bonne détente!

Lait de bain Cléopâtre 2.0

Quantité: 525 ml
Conservation: illimitée sous forme de poudre

375 ml d'avoine moulue finement
•
45 ml de fécule d'arrow-root
•
45 ml de bicarbonate de soude
•
60 ml de fleurs ou de plantes séchées
•
40 gouttes d'huile essentielle au choix
(facultatif)

Préparation

1. Dans un bol, tamiser la poudre d'avoine, la fécule et le bicarbonate de soude.

2. Réduire en poudre les plantes ou les fleurs séchées, et ajouter au mélange d'avoine. Conserver dans un contenant hermétique.

Utilisation

Verser de 60 à 125 ml du mélange dans l'eau du bain.

Pour obtenir un lait de bain encore plus nourrissant, remplacez l'avoine par du lait de coco en poudre! N'hésitez pas à improviser: on ne peut pas vraiment se tromper. Les ingrédients à privilégier? Laits en poudre, bicarbonate de soude, poudre d'avoine, argile, sel, fleurs séchées (pour faire joli!).

Truffes de bain choco-chill

Quantité : environ 10 petites truffes
Conservation : 6-12 mois dans un endroit sec, à l'abri de la lumière

85 ml de beurre de cacao*

•

10 ml d'huile végétale au choix

•

10 ml de poudre d'avoine

•

20 gouttes d'huiles essentielles au choix
(facultatif)*

Préparation

1. Au bain-marie, faire fondre le beurre de cacao dans l'huile.

2. Retirer du feu et incorporer la poudre d'avoine. Bien mélanger. Laisser tiédir.

3. Ajouter les huiles essentielles, si désiré, et bien mélanger.

4. Verser dans les moules en silicone en veillant à bien répartir l'avoine dans chaque truffe.

5. Refroidir au réfrigérateur quelques heures, ou jusqu'à ce que les truffes soient bien durcies. Entreposer dans un contenant hermétique.

Utilisation

Ajouter 1 ou 2 truffes à l'eau chaude du bain.

ATTENTION ! *Les truffes peuvent rendre la baignoire glissante.*

* Grâce au beurre de cacao brut, vos truffes de bain auront naturellement un arôme de chocolat.

Le beurre de cacao, l'avoine et l'huile végétale vont nourrir, hydrater et adoucir votre peau en profondeur. Vous pouvez utiliser ces truffes dans le bain des enfants.

Besoin de vous détendre ? Choisissez l'huile essentielle de lavande officinale. Si vous avez plutôt besoin de vous donner du pep, l'huile essentielle de pamplemousse* est toute désignée pour un bain vivifiant.

ATTENTION ! **Cette huile essentielle est photosensibilisante et ne peut être appliquée avant une exposition au soleil.*

Sel de bain détente

Quantité : 310 ml
Conservation : illimitée

125 ml de sel de mer

125 ml de sel d'Epsom

60 ml de fleurs ou d'herbes séchées (pour le plaisir de les voir flotter : calendula, camomille, lavande, rose)

30 gouttes d'huile essentielle de lavande officinale

Préparation

Mélanger tous les ingrédients et les conserver dans un contenant hermétique. C'est tout !

Utilisation

Verser de 60 à 125 ml de sel dans l'eau du bain.

Le sel de bain. Un classique et assez fastoche, à adapter selon vos goûts. Vous ne pouvez pas vraiment vous tromper, alors osez expérimenter.

Psitt! Pour éviter de boucher vos tuyaux après votre moment détente, ha! ha!, placez une crépine ou un filet sur le drain afin de ramasser les résidus après le bain. Sinon, mettez le lait de bain ou le sel dans un sachet de tulle réutilisable.

Les soins capillaires

L'APPROCHE *NO POO*

Ça mange quoi, du *no poo* en hiver ? Techniquement, ça mange du sébum, ha ! ha ! Plus sérieusement, le terme «*no poo*» est une contraction des mots «*no shampoo*», sans shampoing. On peut aussi le comprendre comme «*no pooh*» dans le sens de «sans cochonnerie». En effet, les *no pooers* accusent les shampoings commerciaux d'irriter le cuir chevelu (ce qui résulte souvent en une surproduction de sébum), d'assécher les pointes et d'accélérer la chute des cheveux. Le principal coupable est le silicone, un ingrédient ajouté aux shampoings pour rendre la chevelure lisse et brillante. Nos cheveux sont naturellement poreux, ce qui leur permet d'absorber l'humidité et le sébum, et ainsi de rester hydratés. Le silicone non soluble (donc non biodégradable, en plus !), qui se dépose sur les cheveux, les empêche de respirer. C'est un peu comme se couvrir la tête de Saran Wrap, ce qui, à la longue, se traduit par un assèchement des cheveux, qui finissent par devenir cassants et par tomber. Mmmm, non merci.

L'approche *no poo,* de plus en plus populaire, consiste à éliminer le shampoing traditionnel afin de valoriser des méthodes plus naturelles pour se nettoyer les cheveux. On le fait parce qu'on a des valeurs environnementales, mais aussi parce qu'on veut retrouver un équilibre capillaire comme chez nos ancêtres. Certains adeptes, après un long entraînement, arrivent à se laver les cheveux seulement une fois par mois.

«Hein ? Une fois par mois ?!?» Parfaitement !

Émilie Bordeleau ne se lavait pas les cheveux tous les jours ! Et, non, elle n'avait pas les cheveux sales pour autant ! Comment est-ce possible ? «Moi, si je saute une journée sans me shampouiner, j'ai l'air d'avoir passé ma vie à frire des patates...» Voilà le genre de commentaires que l'on entend parfois.

Pour comprendre l'intérêt d'une routine de cheveux plus simple et naturelle, il est important de faire un petit saut dans le passé afin de voir comment les choses se déroulaient à l'époque de nos arrière-grands-parents, voire de leurs arrière-grands-parents à eux...

Petite leçon d'histoire...

C'est au tournant du 20e siècle que le shampoing commercial est apparu dans le monde occidental. Avant son entrée en scène, le savon artisanal servait aussi bien à nettoyer le corps que les cheveux, et cela se faisait toutes les quatre à six semaines environ. Comme le cuir chevelu de nos ancêtres n'était pas régulièrement décapé de son sébum naturel par des shampoings surfactants, nos aïeux ne faisaient pas face à une surproduction de sébum et leur chevelure restait donc propre plus longtemps. Ce qui explique les lavages au mois.

En France, la noblesse utilisait du savon artisanal, mais aussi du shampoing sec à base de fécule pour absorber l'excédent de sébum et réguler les odeurs. En Inde, en Égypte et en Amérique du Sud, on utilisait les plantes à saponines pour nettoyer les cheveux. Ces plantes ont la particularité de produire une sorte de «savon» naturel lorsqu'elles sont mouillées, comme la noix de lavage, la saponaire et le yucca.

Il faudra attendre les années 1970-1980 avant que commence à se répandre l'idée que se laver les cheveux plusieurs fois par semaine constitue la seule norme d'hygiène valable. L'ennui, c'est que le surnettoyage entraîne la surproduction de sébum... et un vilain cercle vicieux.

Outre l'implantation du shampoing commercial dans nos vies, il y a une étape importante de l'hygiène des cheveux que l'on semble avoir collectivement oubliée : le brossage. Eh oui, les brosses ont longtemps fait partie intégrante de la routine d'hygiène de la chevelure. On les utilisait pour défaire les nœuds, mais aussi pour déloger les saletés. L'action de brosser permet également de répandre le sébum de la racine des cheveux jusqu'aux pointes, les nourrissant et les rendant soyeux (voir l'encadré à la page 139).

LES POUDRES NETTOYANTES VÉGÉTALES et MINÉRALES

Parmi les ingrédients les plus fréquents dans le monde du DIY pour nettoyer les cheveux, on trouve :
- le **bicarbonate de soude** qui, combiné à un rinçage au vinaigre, est un des nettoyants les plus répandus dans le monde du *no poo*. C'est une technique accessible, ridiculement économique et tellement efficace ;
- la **farine de pois chiches**, utilisée traditionnellement en Inde pour fabriquer des produits cosmétiques naturels. Elle laisse les cheveux propres, doux et brillants. On est conscientes qu'on teste vos limites psychologiques, ha ! ha ! Mais si vous êtes chiche (lol) de vous prêter au jeu, il en vaut la chandelle ;
- la **poudre de shikakaï** (*Acacia concinna*), qui signifie «fruit des cheveux», provient d'une plante indienne riche en saponines végétales (des tensioactifs naturels nettoyants). Cette poudre nettoie tout en douceur. Elle est réputée pour éviter les pellicules et stimuler la pousse des cheveux ;
- le **rhassoul** (ou ghassoul), qui signifie «poudre qui lave» en arabe, est une argile marocaine utilisée depuis des siècles pour ses propriétés purifiante, adoucissante et clarifiante.

Vous aurez deviné, avec le *no poo,* on dit donc adieu à la mousse luxuriante des shampoings, mais pas aux cheveux propres !

En passant...

Bicarbonate de soude,
vinaigre : pas l'temps d'niaiser !

Le *no poo* a pour but de réduire graduellement la fréquence à laquelle on se lave les cheveux. Le lavage des cheveux au bicarbonate de soude ne doit pas être vu comme un traitement quotidien sous peine de vous causer des ennuis à long terme. Le tandem bicarbonate de soude-vinaigre peut être un peu stressant sur les cheveux, c'est pourquoi son utilisation n'est pas conseillée plus fréquemment qu'aux 4 jours au départ, pour arriver à l'utiliser 1 fois par mois. Comme on disait, ce n'est pas parce que c'est naturel que c'est sans conséquence !

La règle d'or du lavage au bicarbonate de soude :
TOUJOURS terminer par un rinçage au vinaigre.

Le bicarbonate a un pH de 9,0 ; il est donc plus élevé que celui du cuir chevelu (pH 4,5-5,5). Lorsqu'on nettoie ses cheveux avec le bicarbonate, son côté basifiant a pour effet d'ouvrir les follicules pileux des cheveux. Pour les refermer, il est indispensable d'utiliser une solution acide comme le vinaigre (pH 3) afin de rétablir le pH du cuir chevelu (un pH entre 4-7 fonctionne bien ordinairement) et de refermer les écailles des cheveux. Cette étape permet non seulement de protéger les cheveux, mais également de les faire briller ! (Voir la recette de rince au vinaigre de Mariane à la page 146.)

Sans-poing de sorcière

Quantité : au besoin
Conservation : illimitée sous forme sèche

Poudre nettoyante (farine de pois chiches,
rhassoul, poudre de shikakaï
ou bicarbonate de soude)

•

Eau ou hydrolat au choix

Préparation

Dans un bol, mélanger la poudre de
votre choix et l'eau ou l'hydrolat
jusqu'à l'obtention de la texture
d'une pâte*.

Utilisation

Mouiller les cheveux, puis appliquer
la pâte avec les doigts à la racine
en frottant le cuir chevelu pour bien
nettoyer. Laisser agir quelques
minutes, puis rincer. Répéter au
besoin.

Pour boucler la boucle en beauté,
appliquer un revitalisant au vinaigre
(voir à la page 146) ou votre
revitalisant naturel favori.

*La quantité d'eau utilisée dépend de la
longueur de vos cheveux et de vos
préférences en termes de texture. Ajustez
la recette selon vos besoins. Comme il s'agit
d'une préparation simple et rapide,
préparez-la juste avant de sauter sous
la douche.

Libre à vous de « pimper » votre recette de nettoyant à base de poudre
avec du miel, des infusions de plantes pour remplacer l'eau et d'autres
batifoleries ! Donnez libre cours à votre imagination !

En passant...

La brosse
en «poils de sanglier»

Connaissez-vous le truc de grand-mère qui dit que 100 coups de brosse chaque soir est le secret d'une tignasse de rêve? Eh bien, il faut reconnaître que la brosse en poils de sanglier et ses solutions de rechange véganes en fibres végétales ont des effets miraculeux sur la chevelure en la rendant plus soyeuse et nourrie.

Le principe est très simple: ce type de brosse aux poils serrés répand le sébum du cuir chevelu jusqu'aux pointes des cheveux. BAM! Fini les cheveux secs et cassants. Le brossage du cuir chevelu augmente également le flux sanguin vers les follicules pileux, par conséquent les cheveux deviennent à la longue beaucoup plus forts. Ça stimule même leur croissance, histoire de redonner du poil de la bête à votre crinière, hé! hé!

Le rituel du brossage s'intègre parfaitement dans une routine *no poo*: il aide à nettoyer les cheveux, qui restent beaux plus longtemps; donc on espace les shampoings. On peut l'utiliser conjointement avec le shampoing sec.

Cheveux frisés? Oubliez ce genre de brosse si vous ne voulez pas ressembler à un bichon. Utilisez à la place la brosse en bambou et réservez les séances de brossage au moment où vous vous lavez (ou mouillez) les cheveux.

Vous avez les cheveux frisés, ondulés ou frisottés et, surtout, peu de temps pour vous coiffer? Je vous partage mon astuce express: appliquez une petite quantité d'huile, de sérum ou de beurre végétal sur vos cheveux mouillés à la sortie de la douche. Mettez-en sur les longueurs, en évitant les racines et le cuir chevelu. Cela permet d'emprisonner l'hydratation de vos cheveux et de définir les boucles. Simple comme bonjour!

LES SHAMPOINGS SECS

Vos cheveux deviennent gras au moindre coup de vent et vous devez malheureusement les laver tous les jours? Vous vous réveillez chaque matin avec un look de fille qui a passé la nuit à flipper des burgers et à frire des croquettes? Petit produit miracle ultra simple qui aide à espacer les lavages des cheveux, le shampoing sec absorbe l'excédent de sébum produit par le cuir chevelu.

Shampoing sec Adios cheveux Belle Province!

Quantité : 125 ml
Conservation : illimitée

125 ml de fécule d'arrow-root

•

Poudre de cacao crue pour la couleur (facultatif)

Préparation

Si désiré, mélanger la poudre de cacao à la fécule. Conserver la préparation dans un contenant hermétique.

Utilisation

Appliquer un peu de shampoing sec à l'aide d'un pinceau à fard à joues sur les *spots* à problèmes (toupet, tempes). Laisser agir quelques minutes, le temps que la fécule absorbe bien le sébum. Brosser, brosser, brosser encore pour retirer l'excédent de poudre... (à moins de vouloir un look «perruque poudrée» à la Marie-Antoinette!).

Ce shampoing sec donnera du volume à vos cheveux.
Malheureusement, il est moins pratique pour les cheveux frisés ou crépus,
en raison de l'utilisation de la brosse...

LES SÉRUMS

Vous avez l'impression que vos cheveux sont un nid d'oiseau et que votre cuir chevelu est un désert? Pas de panique! Un sérum capillaire viendra à la rescousse des cheveux et cuir chevelu secs / gras de ce monde.

Sérum tout risque

Quantité: 30 ml
Conservation: 6-12 mois dans un endroit sec, à l'abri de la lumière

30 ml d'huile végétale au choix*

•

18 gouttes d'huile essentielle au choix*

•

2 gouttes de vitamine E (facultatif)

Préparation

Mettre tous les ingrédients dans un contenant à pipette. Agiter.

Utilisation

Sur le cuir chevelu: 2 fois par semaine, appliquer quelques gouttes sur le cuir chevelu et masser pour faire pénétrer le sérum.

Pour un traitement intensif, laisser agir toute la nuit et laver les cheveux au matin.

Pour un traitement régulier, laisser agir de 15 à 30 minutes avant de passer à la douche.

Sur les pointes: mettre 2 gouttes de sérum dans le creux de la main et appliquer sur la pointe des cheveux à la sortie de la douche.

*Voici nos suggestions d'huiles et d'huiles essentielles, selon votre type de cheveux et de cuir chevelu:

• **Cheveux et cuir chevelu désertiques:** huiles d'argan et de ricin; huile essentielle de lavande officinale.

• **Cheveux et cuir chevelu gras:** huiles de jojoba et de ricin; huiles essentielles de lavande officinale et de géranium rosat.

Vous avez le cuir chevelu sec ou gras ET des pellicules? Pensez ajouter de l'huile essentielle de tea tree à votre mélange de lavande officinale et de géranium rosat, à raison de 6 gouttes chacune.

LES ANTIFRISOTTIS POUR CHEVEUX BOUCLÉS

Cheveux frisés + routine naturelle = mission possible! Il faut toutefois faire quelques ajustements aux méthodes naturelles qu'on propose un peu partout dans ce livre. Déjà, le brossage quotidien, on oublie ça. On réserve la brosse tout juste avant ou après le lavage des cheveux seulement ou lorsqu'on les mouille pour leur redonner du pep.

Vous ne jurez que par votre mousse ou gel coiffant aux ingrédients douteux pour dompter votre crinière ondulée ou bouclée? On a une solution formidable pour vous: un gel ULTRA simple, économique et naturel à base de graines de lin (voir à la page 144)! Ce gel offre une tenue légère et procure de belles boucles brillantes, hydratées et soyeuses. En prime: vous n'aurez pas l'effet «croustillant» qu'on obtient parfois avec les produits coiffants du commerce.

ATTENTION! *Ce gel de lin est composé principalement d'une phase aqueuse et ne contient aucun agent de conservation. Il est donc important de le conserver au réfrigérateur pour un maximum de 2 à 3 semaines. La bonne nouvelle? On peut le congeler en petites portions pour en avoir sous la main au besoin. Le mélange, une fois décongelé, se sera séparé. Il faudra le secouer vigoureusement une bonne minute pour ré-émulsionner le tout. Pourquoi on n'ajoute pas de conservateur naturel? Parce qu'il n'y a pas de solution simple pour conserver ce produit, qui est en fait du mucilage. Il faudrait ajouter une combinaison d'agents de conservation ou des ingrédients plus difficiles à trouver. La solution frigo/congélo est la plus simple et accessible, et c'est elle qu'on utilise!*

La routine de soin des cheveux bouclés de Marie

Pour laver mes cheveux bouclés, j'utilise la farine de pois chiches, puis un bon revitalisant. À la sortie de la douche, je brosse mes cheveux et j'applique une petite quantité d'huile ou de gel de lin.

Je fais un traitement ponctuel à l'huile (de coco, de tournesol, d'amande... je prends ce que j'ai!). J'applique sur mes cheveux une bonne quantité d'huile, des racines aux pointes, et je les enveloppe dans une vieille serviette. Je laisse reposer de 15 minutes à 1 heure, puis je saute sous la douche pour les laver comme d'habitude. Ce petit traitement permet de nourrir en profondeur mes cheveux.

Gel miracle aux graines de lin

Quantité : 250 ml
Conservation : 2 ou 3 semaines au réfrigérateur ; 12 mois au congélateur

300 ml d'eau

•

45 ml de graines de lin entières*

•

10 ml d'huile végétale au choix

•

6 gouttes d'huiles essentielles au choix (facultatif)

Préparation

1. Dans une casserole, porter à ébullition l'eau et les graines de lin. Dès les premiers bouillons, réduire à feu très doux et laisser mijoter, à découvert, pendant 5 minutes.

2. À la fin des 5 minutes, tremper une fourchette dans l'infusion : de petits filets devraient s'y coller. C'est prêt.

3. Tamiser immédiatement la préparation. Ne pas attendre, sinon le gel sera trop épais et difficile à filtrer.

4. Laisser tiédir, puis ajouter l'huile végétale et les huiles essentielles. Pour une texture plus agréable, passer rapidement le gel au mélangeur à main. Utiliser un entonnoir pour verser la préparation dans des contenants ou flacons. Les petits tubes compressibles, de format voyage, fonctionnent très bien.

Utilisation

Appliquer le gel sur les cheveux mouillés, des racines aux pointes. Froisser les cheveux pour aider à définir les boucles, avant de laisser sécher à l'air libre ou au diffuseur.

*Envie d'une version plus élaborée ? Vous pouvez infuser votre gel avec des plantes ayant des belles propriétés pour les cheveux (prêle, ortie, sauge). Ajoutez-les en même temps que les graines de lin (étape 1) pour toute la durée de la cuisson.

Un vapo antifrisottis, ça vous dit ? Pour le concocter, mettez des pelures d'ananas (oui, oui !) dans une casserole, couvrez d'eau et laissez mijoter 10 minutes. Filtrer et verser la décoction dans un vaporisateur. Le produit se gardera de 2 à 3 semaines au frigo. Vaporisez la chevelure après la douche pour obtenir de belles boucles bien définies aux effluves tropicaux.

LES REVITALISANTS SANS RINÇAGE AUX PLANTES

Qui aurait cru que, pour avoir une chevelure brillante comme un sou neuf et fortifiée, ça prendrait seulement... du vinaigre et des plantes ! De la teinture mère, quoi ! Les teintures mères conjuguent les propriétés des plantes à celles du vinaigre et font un traitement capillaire tout simple en quelques poush-poush.

Revitalisant fortifiant Louis Cyr

Quantité : 200 ml
Conservation : jusqu'à 24 mois dans un endroit sec, à l'abri de la lumière

- *Ortie fraîche ou séchée*
- *Prêle fraîche ou séchée*
- *Vinaigre de cidre*

Préparation

Voir l'encadré sur la teinture mère à la page 103 pour la procédure complète.

1. Remplir la moitié d'un pot Mason stérile de 250 ml avec les plantes.

2. Remplir le pot de vinaigre de cidre et fermer hermétiquement.

3. Laisser macérer 4 semaines.

4. Filtrer en écrasant bien les plantes pour en extraire tout le jus. Verser dans un vaporisateur stérile.

Utilisation

Vaporiser ce revitalisant fortifiant sur des cheveux mouillés à la sortie de la douche. Il favorise la pousse et lutte même contre les pellicules !

Pas envie de vous compliquer la vie ? Ajoutez de 15 à 30 ml de vinaigre (blanc pour les cheveux gras, de cidre pour les cheveux secs) dans 500 ml d'eau et versez ce mélange sur les cheveux sous la douche, en misant sur les pointes et les longueurs. Rincez sommairement (on veut qu'il en reste pour qu'il puisse faire sa job) et le tour est joué !

LA PHARMACIE NαTURELLE

**Tu sais que
tu es grano
quand...**
ton dentifrice
peut te servir
de déo.

Garnir sa pharmacie de petits soins naturels est une étape inévitable dans tout bon processus de «granolification» (ha! ha!). Loin de nous l'idée de prétendre tout soigner avec des
potions de sorcière ou de démoniser la médecine moderne. On vous propose plutôt ici
d'explorer des solutions de rechange simples pour remplacer quelques produits d'hygiène
de votre salle de bain et prévenir ou soigner certains de vos petits bobos ponctuels. Pas les
gros bobos, là : pour eux, on consulte un.e professionnel.le de la santé.

Pour ce chapitre, on s'est permis de sortir un peu de notre concept minimaliste, afin de vous
présenter des recettes plus spécialisées et adaptées aux besoins et aux maux courants.

Alors, voici nos meilleures recettes simples pour votre pharmacie naturelle.

ATTENTION! *Les renseignements et conseils ci-dessous ne doivent en aucun cas remplacer
l'avis, le diagnostic ou le traitement d'un médecin.*

La bouche

Saviez-vous que notre bouche, en tant que muqueuse, a une capacité d'absorption deux fois
supérieure à celle de la peau? Sans vraiment vouloir avaler du dentifrice ou du rince-bouche
(menoum), on finit quand même par en ingérer une petite quantité. Or, certains produits
conventionnels vendus sur le marché contiennent des ingrédients identifiés comme étant
potentiellement nocifs pour la santé et l'environnement: triclosan, laurylsulfate de sodium
ou dodécylsulfate de sodium (SLS), colorants et arômes synthétiques, parabènes (voir les
impacts de certains de ces ingrédients sur la sante humaine et celle de l'environnement à
la page 18). De belles cochonneries pas nécessaires pour avoir des dents en bonne santé.

Prendre soin de sa santé buccale avec des ingrédients naturels, c'est possible? Oui. Plu-
sieurs ingrédients sont reconnus pour leurs propriétés antiseptiques et antibactériennes.
Voici quelques-uns des meilleurs potes pour la bouche:
• **Argile**: abrasif doux, déloge la plaque, lutte contre la mauvaise haleine.
• **Bicarbonate de soude**: abrasif doux, prévient la plaque et la carie, neutralise l'excès d'acidité.
• **Huile de coco**: blanchissante, prévient la plaque et la carie.
• **Huiles essentielles antiseptiques**: clou de girofle*, sauge sclarée*, tea tree, thym*.
• **Huiles essentielles rafraîchissantes**: anis*, coriandre*, menthe poivrée*, persil, thé des bois.

ATTENTION! *Les femmes enceintes ou allaitantes doivent éviter les huiles essentielles
d'anis, de clou de girofle, de coriandre, de menthe poivrée, de sauge sclarée et de thym. Choisir plutôt le tea tree.*

Dentifrice au coco

Quantité : 100 ml
Conservation : 6-12 mois dans un endroit sec, à l'abri de la lumière

90 ml d'huile de coco

•

30 ml de bicarbonate de soude

•

5 ml d'argile blanche (facultatif)

•

15 gouttes d'huile essentielle antiseptique
au choix

•

15 gouttes d'huile essentielle rafraîchissante
au choix

•

15 ml de xylitol moulu finement
(facultatif)

Préparation

1. Faire fondre l'huile de coco au bain-marie.

2. Dans un bol en céramique ou en verre (pas en métal si on utilise de l'argile blanche), mettre les poudres. Ajouter l'huile de coco fondue et mélanger à l'aide d'une cuillère en bois (pas en métal pour la même raison) jusqu'à l'obtention d'une pâte lisse.

3. Ajouter les huiles essentielles et bien mélanger.

4. Verser dans un contenant hermétique et laisser figer au frigo.

Utilisation

Utiliser ce dentifrice comme tout bon dentifrice standard. Il est recommandé de se servir d'une petite spatule pour prendre le dentifrice, afin d'éviter d'intégrer de l'eau au produit. En déposer la grosseur d'un petit pois sur la brosse à dents et brosser ! La différence ? Aucune mousse à l'horizon, et c'est normal !

Pour compléter la routine, rien de tel qu'un coup de rince-bouche ! Dans une bouteille en verre stérile, versez 250 ml d'eau bouillie, 5 ml de sel de mer, 5 ml de bicarbonate de soude, 4 gouttes d'huile essentielle antiseptique (au choix) et 4 gouttes d'huile essentielle rafraîchissante (au choix aussi). Remuez avant chaque utilisation et conservez au frigo 2 semaines. Simplissime !

En passant...

Pour ou contre le dentifrice DIY ?

Les ingrédients naturels proposés pour faire du dentifrice DIY – l'huile de coco, le bicarbonate de soude, l'argile – sont généralement reconnus pour aider à maintenir une bonne hygiène buccodentaire. Toutefois, les besoins de chaque personne en matière d'hygiène sont variables. Par exemple, certaines peuvent trouver l'argile ou le bicarbonate de soude trop abrasifs pour l'émail de leurs dents et leurs gencives ; d'autres auront besoin d'un apport en fluor soutenu pour garder leurs dents en bonne santé. La meilleure solution pour voir si un dentifrice DIY est approprié pour vous est de vous informer sur les ingrédients qu'il contient, de faire des tests, mais avant tout, de suivre les conseils d'un.e dentiste ou d'un.e hygiéniste sur vos besoins en hygiène dentaire !

Rentabilisez votre huile de coco en l'utilisant comme… rince-bouche ! Comme l'huile de coco aide à déloger la plaque et à blanchir les dents, je l'utilise une fois par semaine pour garder une bonne hygiène dentaire (et quand les brossages ne viennent pas à bout de quelques taches de café ni du tartre). Une demi-cuillère à thé d'huile de coco dans votre bouche suffit pour faire un rince-bouche efficace pendant 5 à 10 minutes. Comment on intègre ça dans la routine ? Le truc : on le fait sous la douche !

ATTENTION ! *Il est préférable de cracher dans le compost, pour éviter de boucher la plomberie. À vous le sourire brillant. Tchi-tching !*

Poudre blanchissante pour un sourire aveuglant

Quantité : 60 ml
Conservation : illimitée sous forme de poudre

20 ml d'argile blanche ou de bentonite

•

20 ml de bicarbonate de soude

•

15 ml de xylitol moulu finement (facultatif)

•

7,5 ml de charbon activé

•

5 gouttes d'huile essentielle de menthe poivrée

Préparation

1. Dans un bol en céramique ou en verre (pas en métal en raison de l'argile), mélanger tous les ingrédients à l'aide d'une cuillère en bois (pas en métal pour la même raison).

2. Transférer dans un contenant hermétique dans lequel il est possible d'insérer une brosse à dents pour enduire les soies de poudre.

ATTENTION ! *Le mélange peut tacher, en raison du charbon activé. Garder hors de la portée des enfants et des animaux.*

Utilisation

Mouiller la brosse à dents, secouer l'excédent d'eau et tremper le bout des soies dans la poudre blanchissante. Laisser sécher le mélange avant de remettre le couvercle. Brosser les dents comme d'habitude et rincer avec de l'eau.

ATTENTION ! *Cette poudre n'est pas destinée à une utilisation quotidienne. Consultez votre professionnel.le de la santé si vous présentez des problèmes dentaires particuliers. Cessez l'utilisation si vos dents ou vos gencives deviennent sensibles.*

Les « partys » intimes

Qui dit party de jambes en l'air dit souvent p'tit coup de pouce côté lubrification. On vous propose ici quelques trucs écolos et économiques. **Utilisatrices de condoms, attention :** les recettes et astuces qu'on vous propose ici sont à base d'huile. Et qui dit huile dit incompatibilité avec le latex et le polyisoprène. Par contre, l'huile est sécuritaire avec les préservatifs synthétiques, comme ceux faits en polyuréthanne. Plusieurs ingrédients sont *friendly* pour les parties intimes, dont l'huile de coco, l'huile d'olive, le beurre de cacao et le gel aloès 100 % naturel. Nous autres, on est toutes fans de l'huile de coco *straight*.

Huile à massage sexu

Quantité : 100 ml
Conservation : 6-12 mois dans un endroit sec, à l'abri de la lumière

100 ml d'huile végétale au choix
•
7 gouttes d'huile essentielle d'ylang-ylang
•
2 gouttes d'huile essentielle de cannelle
•
3 gouttes d'huile essentielle de bergamote
•
5 gouttes de vitamine E (facultatif)

Préparation
Mettre tous les ingrédients dans un contenant à pipette ou une petite bouteille. Agiter.

Utilisation
On a confiance dans le jugement de nos lectrices là-dessus, ha ! ha !

Une petite huile à massage aux huiles essentielles « stimulatrices » de libido ? Why not pinotte ! Toutefois, tenez-la loin de vos parties intimes ! De l'huile essentielle dans les parties intimes, c'est non. Et comme l'huile essentielle de bergamote est photosensibilisante, prenez une petite douche avant d'aller faire l'étoile sur la plage !

Lubrifiant choco-lit

Quantité : 120 ml
Conservation : 6-12 mois dans un endroit sec, à l'abri de la lumière

60 ml d'huile de coco

•

60 ml de beurre de cacao

•

6 gouttes de vitamine E (facultatif)

Préparation

1. Faire fondre l'huile de coco et le beurre de cacao au bain-marie.

2. Retirer du feu et ajouter la vitamine E, si désiré. Bien mélanger.

3. Entreposer dans un contenant hermétique.

Utilisation

Encore une fois, on fait confiance à nos lectrices là-dessus, ha ! ha !

ATTENTION ! *Ne pas utiliser ce lubrifiant avec les condoms en latex et en polyisoprène ni avec les jouets en silicone. Il est toutefois sécuritaire avec les préservatifs en polyuréthanne.*

Vous n'avez plus de lub ? Au lieu de pratiquer l'abstinence (mouahaha !),
rentabilisez donc encore une fois votre huile de coco. Utilisée seule,
elle constitue en soi un très bon lubrifiant.

Les d'sous d'bras

Vous êtes-vous déjà demandé pourquoi cette partie de notre corps ne sentait pas la fleur ? La réponse réside dans les bactéries naturellement présentes sur la peau. On compte plus de 1000 espèces de bactéries vivant un peu partout sur nous. C'est notre microbiote (ou flore) cutané. Notre petite colonie bien à nous est d'une importance capitale pour limiter le risque de contamination par des organismes pathogènes. Son seul défaut : elle nous fait sentir. Nos aisselles ont une forte concentration de glandes sudoripares eccrines et apocrines, sécrétant un mélange de sueur riche en protéines. La décomposition de ces protéines par les bactéries produit des molécules odorantes.

Heureusement, on vous propose des recettes de déodorants... testées et éprouvées !

ATTENTION ! *Un déodorant n'empêche pas de suer : il lutte contre les odeurs.*

LES INGRÉDIENTS « ANTI-PU »

L'ingrédient secret de tout bon déodorant naturel efficace : le bicarbonate de soude. Pourquoi ? Parce qu'il absorbe les odeurs comme un pro.

Côté huile essentielle, celle à ne pas négliger pour un bon déo efficace : la palmarosa*! La reine des huiles essentielles anti-odeur. Mal prises, on peut même en appliquer une goutte directement sous chaque aisselle. Parmi les autres huiles essentielles à privilégier :
• la **lavande officinale** ;
• la **menthe poivrée***;
• la **sauge sclarée** (aide à régulariser la transpiration excessive)* ;
• le **tea tree**.

ATTENTION ! **Les femmes enceintes ou allaitantes doivent éviter les huiles essentielles de sauge sclarée, de palmarosa et de menthe poivrée. Elles peuvent opter pour la lavande officinale et le tea tree.*

Dissous dans une phase aqueuse, le bicarbonate de soude perd son côté abrasif qui fait souffrir plus d'une aisselle. Ainsi, on conserve son efficacité, mais on l'empêche d'échauffer les d'sous d'bras. Ça relève du miracle.

Déo liquide pour d'sous d'bras sensibles

Quantité : 60 ml
Conservation : 1 mois dans un endroit sec, à l'abri de la lumière

40 ml d'hydrolat d'hamamélis
(ou autre hydrolat au choix)

•

20 ml d'alcool de grain pur
(ou de vodka)

•

1,25 à 2,5 ml de bicarbonate de soude

•

8 gouttes d'huile essentielle de palmarosa

•

4 gouttes d'huile essentielle au choix
(pour l'odeur)

Préparation

Ajouter tous les ingrédients dans un flacon vaporisateur stérile de 60 ml et mélanger. C'est tout !

En passant...

Les déboires du bic

Certaines personnes réagissent au bicarbonate de soude dans les déos : cela se manifeste sous forme de démangeaisons, d'irritation et de rougeurs. Dans notre recette de déo solide (page 160), on peut remplacer le bic par de l'argile blanche ou un mélange à parts égales d'oxyde de zinc et d'argile blanche. La *best* alternative ? Notre recette de déo liquide. Sinon, certaines personnes ont aussi du succès avec le lait de magnésie ou le jus de citron, appliqués directement sur les aisselles. Le jus de citron acidifie légèrement le pH naturel des aisselles et rend l'environnement inhospitalier pour les bactéries, qui ne peuvent plus se vautrer dans les protéines de sueur et nous faire sentir.

ATTENTION! *Le citron est photosensibilisant. Si vous prévoyez vous faire bronzer les quatre fers en l'air, optez pour autre chose.*

Déo solide pour aisselles naturelles

Quantité : 150 ml
Conservation : 6-12 mois dans un endroit sec, à l'abri de la lumière

90 ml d'huile de coco*

•

60 ml de bicarbonate de soude

•

60 ml de fécule d'arrow-root

•

30 gouttes d'huile essentielle de palmarosa
(ou autre huile essentielle anti-pu)

•

20 gouttes d'huile essentielle au choix
(pour l'odeur)

•

5 gouttes de vitamine E (facultatif)

•

30 ml de cire d'abeille (facultatif,
pour la saison estivale)

Préparation

1. Faire fondre l'huile de coco au bain-marie.

2. Dans un bol, mélanger à la fourchette le bicarbonate et la fécule. Ajouter l'huile de coco fondue et mélanger jusqu'à l'obtention d'une pâte lisse.

3. Incorporer les huiles essentielles et, si désiré, la vitamine E.

4. Verser dans un contenant hermétique et laisser figer au frigo.

Avec la cire d'abeille

1. Faire fondre la cire et l'huile de coco dans un bain-marie.

2. Retirer du feu et ajouter le bicarbonate et la fécule. Bien mélanger.

3. Incorporer les huiles essentielles et, si désiré, la vitamine E.

4. Verser dans un contenant hermétique.

Utilisation

À l'aide des doigts ou d'une petite spatule, prendre un peu de produit (la grosseur d'un petit pois par aisselle suffit). Appliquer sur l'aisselle et frotter, tout simplement (comme si on s'appliquait un beurre corporel).

*L'huile de coco est solide jusqu'à 23-26 °C. En pleine canicule, votre déo fondra si vous n'avez pas ajouté de cire d'abeille.

Le soleil

Ohhh! soleil, soleil! On l'aime, cette grosse boule lumineuse. La vie est tellement plus douce quand le beau temps se pointe le bout du nez! Cependant, il faut s'y exposer de façon sécuritaire. Une exposition répétée et excessive peut endommager la peau, voire augmenter le risque de cancer cutané. Elle peut aussi causer des lésions aux yeux. Pouet, pouet, pouet... On a souvent l'habitude de se fier à la crème solaire pour se protéger, et rien d'autre, mais ça devrait plutôt être un ajout à un ensemble de stratégies. Restez à l'ombre, évitez les expositions prolongées (surtout entre 11 heures et 15 heures), portez un chapeau, des lunettes de soleil, et même des vêtements longs s'il le faut. Oui, oui! On est plates de même.

Beurre protection solaire chocolaté

Quantité : 150 ml
Conservation : 6-12 mois dans un endroit sec, à l'abri de la lumière

30 ml de poudre d'oxyde de zinc

30 ml de cire d'abeille

15 ml de beurre de cacao

45 ml de beurre de karité

60 ml d'huile végétale au choix (ou macérât huileux de calendula)

12 gouttes de vitamine E (facultatif)

Préparation

1. Dans un bol, tamiser l'oxyde de zinc et réserver.

2. Au bain-marie, faire fondre la cire et les beurres dans l'huile.

3. Retirer du feu et incorporer la poudre d'oxyde de zinc tamisée et, si désiré, la vitamine E.

4. Mélanger avec un appareil électrique jusqu'à l'obtention d'une texture lisse. Il est important qu'il n'y ait pas de grumeaux: le secret de l'efficacité de ce beurre réside dans cette étape!

5. Verser dans un contenant hermétique à large ouverture et laisser figer au frigo.

Utilisation

Appliquer comme un beurre, en frottant bien pour l'étendre partout. Répéter toutes les 2 heures, ou après la baignade ou un exercice physique.

Avant de vous arracher les cheveux à essayer de décoller vos instruments gommés par la cire et l'oxyde de zinc, rendez-vous à la page 75 pour connaître notre méthode magique de nettoyage !

Notre recette offre une protection solaire équivalente à un FPS s'échelonnant entre 20 et 30. L'ingrédient secret ? L'oxyde de zinc, qui offre une protection à la fois contre les rayons UVA et les rayons UVB. On parle de la poudre, là : n'allez pas mettre de la pâte d'Ihle dans votre recette, hé ! hé !

En passant...

Qu'est-ce que le FPS, au juste ?

Le facteur de protection solaire (ou FPS), c'est un indice qui permet d'estimer la protection qu'offre un écran solaire. Quand on parle d'un FPS de 20, 30, 40, 60, ce nombre représente en fait le rapport entre le temps requis pour que les rayons ultraviolets produisent un coup de soleil avec et sans écran solaire. Avec un FPS de 20 ou de 30, on peut donc s'exposer 20 ou 30 fois plus longtemps sans avoir de coup de soleil. Par exemple, si votre peau brûle normalement après 15 minutes d'exposition au soleil, avec un FPS de 20, vous seriez techniquement protégée pendant 300 minutes (15 x 20). Le FPS donne aussi de l'information sur le pourcentage de rayons UV contre lesquels la crème vous protège. Le FPS 15 offre une protection contre 93 % des rayons UV ; le FPS 30, contre 97 % ; le FPS, 55 contre 98 %.

« Écran chimique, écran minéral ? J'comprends rien ! »

Les écrans chimiques sont fabriqués en laboratoire à partir d'ingrédients chimiques qui pénètrent la peau et assurent ainsi une protection contre les rayons UV. Pour bien se protéger, il est recommandé d'appliquer une crème chimique de 20 à 30 minutes avant l'exposition au soleil, car pour être efficace, elle doit avoir bien pénétré la peau.

Les écrans minéraux — ou écrans physiques — sont fabriqués à l'aide de poudres minérales (principalement l'oxyde de zinc, mais aussi le dioxyde de titane). Les poudres minérales demeurent à la surface de la peau et agissent comme barrière en faisant refléter les rayons et en les empêchant de pénétrer la peau. L'oxyde de zinc protège à la fois contre les rayons UVA et UVB et est sécuritaire pour les milieux marins.

Contrairement aux crèmes chimiques qui pénètrent la peau, les crèmes minérales sont reconnues pour laisser un léger film blanc sur la peau après l'application. Les écrans solaires minéraux sont souvent la protection de choix pour les bébés et les enfants : la plupart des écrans solaires qui leur sont destinés dans le commerce sont à base d'oxyde de zinc et / ou de dioxyde de titane.

Beurre apaisant après-soleil

Quantité : 120 ml
Conservation : 6-12 mois dans un endroit sec, à l'abri de la lumière

60 ml de beurre de karité

•

30 ml de macérât huileux de calendula

•

30 ml d'huile de rose musquée

•

18 gouttes d'huile essentielle de lavande aspic

•

18 gouttes d'huile essentielle de géranium rosat

•

6 gouttes de vitamine E (facultatif)

Préparation

1. Au bain-marie, faire fondre le beurre de karité dans les huiles.

2. Retirer du feu et incorporer les huiles essentielles et, si désiré, la vitamine E.

3. Refroidir le mélange au congélateur de 10 à 20 minutes, jusqu'à ce qu'il commence à durcir. Ne pas le laisser durcir complètement.

4. Entreposer dans un contenant hermétique.

Utilisation

Appliquer après une exposition au soleil, de concert avec du gel d'aloès 100 % naturel, si désiré, pour aider la peau à se réparer.

Le calendula, l'aloès et la rose musquée accélèrent la guérison des coups de soleil et des brûlures grâce à leurs propriétés cicatrisantes et réparatrices puissantes. À ce beau trio s'ajoutent l'huile essentielle de géranium rosat (réparatrice) et celle de lavande aspic (très cicatrisante), appropriées pour prendre soin des peaux exposées au soleil.

Les bibittes

Ahhh! les bibittes! Tsé, celles qui piquent ou qui partent carrément avec des morceaux de peau... On les préfère loin, très loin. Que ce soit pour remplacer le chasse-moustiques contenant du DEET ou pour en espacer les applications, la fabrication d'un chasse-bibittes naturel peut s'avérer une option de rechange (ou complémentaire) très intéressante afin de garder ces bestioles à l'écart!

La plupart des chasse-moustiques naturels utilisent des huiles essentielles. Le problème, c'est leur volatilité, ce qui rend leur efficacité de courte durée. Toutefois, il a été démontré que certains ingrédients, comme l'huile de coco et l'huile de soya, contribuent à limiter la volatilité des huiles essentielles, améliorant d'autant leur efficacité. C'est justement ce qu'on vous propose. Yé!

Huile chasse-bibittes

Quantité : 120 ml
Conservation : 6-12 mois dans un endroit sec, à l'abri de la lumière

100 ml de macérât de cataire (voir à la page 96 pour la procédure) dans l'huile de coco fractionnée (celle qui reste liquide, aussi appelée « caprylis »)

•

20 ml d'huile de margousier

•

40 gouttes d'huile essentielle d'eucalyptus citronné

•

15 gouttes d'huile essentielle de géranium rosat

•

15 gouttes d'huile essentielle de thuya

•

5 gouttes de vitamine E (facultatif)

Préparation

Mettre tous les ingrédients dans un contenant vaporisateur de 125 ml. Agiter.

Utilisation

Vaporiser sur la peau et étendre l'huile avec les mains. Éviter les yeux et la bouche, ou toute muqueuse. Éviter aussi d'appliquer sur les vêtements, puisqu'il s'agit d'une huile. Cette huile peut être appliquée aux 2 heures, ou au besoin.

ATTENTION! *Les femmes enceintes ne doivent pas utiliser cette huile chasse-bibittes durant le premier trimestre de la grossesse. Après le premier trimestre, elles peuvent l'employer en omettant l'huile essentielle de thuya.*
Les aromathérapeutes recommandent d'éviter d'utiliser des huiles essentielles sur des enfants de moins de 3 ans.

Onguent antidémangeaison

Quantité : 55 ml
Conservation : 6-12 mois dans un endroit sec, à l'abri de la lumière

10 ml de cire d'abeille

15 ml de macérât huileux de plantain*

15 ml de macérât huileux de consoude*

15 ml de macérât huileux de calendula*

12 gouttes d'huile essentielle de lavande officinale (facultatif)

12 gouttes d'huile essentielle de menthe poivrée (facultatif)

12 gouttes d'huile essentielle de tea tree (facultatif)

3 gouttes de vitamine E (facultatif)

Préparation

1. Au bain-marie, faire fondre la cire d'abeille dans les macérâts.

2. Retirer du feu et ajouter, si désiré, les huiles essentielles et la vitamine E.

3. Verser dans un contenant hermétique.

Utilisation

Appliquez localement sur les piqûres ou les régions qui démangent.

* Le plantain (photo page 169) est le roi des végétaux pour apaiser les démangeaisons attribuables aux piqûres de moustiques ; il est cicatrisant et antiseptique, tout comme la consoude. Le calendula agit tout en douceur contre les démangeaisons et l'inflammation.

Pour apaiser les démangeaisons, prenez un bain avec de la poudre d'avoine. Super efficace, surtout avant le dodo ! Comme astuce du tonnerre, j'applique ensuite localement une pâte d'argile verte pour « absorber » le venin de la piqûre. L'argile est encore plus efficace (je dirais même magique) lorsqu'elle est appliquée peu de temps après la piqûre, ou la journée même. Si vous êtes en nature et que vous n'avez rien sous la main, vous pouvez mâchouiller des feuilles de plantain fraîchement cueillies et frotter la sève directement sur la peau (photo à la page 169).

À la recherche d'autres méthodes naturelles pour repousser les insectes ? Portez des vêtements longs et de couleur claire. Ajoutez à votre jardin quelques plantes répulsives, comme la lavande, le géranium ou la citronnelle. Éliminez les eaux stagnantes où prolifèrent les moustiques. Utilisez un diffuseur avec des huiles essentielles répulsives : eucalyptus citronné, cataire, thuya, lavande officinale, géranium rosat, verveine des Indes, citronnelle de Ceylan, etc.

Vous pouvez aussi rester encabanée chez vous. Très efficace comme méthode. Non ? Personne ?

En passant...

Le DEET
et les huiles essentielles

Santé Canada recommande l'utilisation du DEET en raison de sa grande efficacité pour prévenir certaines maladies transmissibles par les insectes, comme la maladie de Lyme et le virus du Nil.

Or, ce produit peut présenter des risques pour la santé si on ne respecte pas le mode d'emploi, par exemple en faisant un usage prolongé abusif. Un chasse-moustiques qui contient 30 % de DEET serait efficace pendant 6 heures ; avec 10 % de DEET, son efficacité baisse à 3 heures et moins. Si vous utilisez ce produit et êtes du genre à vous en remettre une couche avant que la période d'efficacité prévue soit terminée (supposons que les mouches noires sont particulièrement voraces où vous êtes), vous pouvez utiliser des huiles essentielles (diluées dans une huile végétale) très efficaces et reconnues par Santé Canada pour espacer les applications de Deet. Notez que ces huiles essentielles sont très efficaces même utilisées seules :

- **Cataire** (*Nepeta cataria*) ;
- **Citronnelle de Ceylan** (*Cymbopogon nardus*) ;
- **Eucalyptus citronné** (*Corymbia citriodora*) ;
- **Géranium rosat** (*Pelargonium x asperum*) ;
- **Lavande officinale** (*Lavandula angustifolia* ou *officinalis* ou *vera*) ;
- **Litsée citronnée** (*Litsea citrata*) ;
- **Verveine des Indes** (*Cymbopogon citratus/flexuosus*) ;
- **Verveine vraie** (*Lippia citriodora*).

Les petits maux

Vous connaissez les fameux «remèdes de grand-mère»? Tsé, la célèbre ponce au gin, les mémorables mouches de moutarde et l'ail sur les verrues? Bon, on nagera pas exactement dans ces eaux-là, mais on voulait tout de même vous proposer quelques recettes naturelles pour adoucir vos petits maux du quotidien.

Baume décongestionnant boréal

Quantité : 60 ml
Conservation : 6-12 mois dans un endroit sec, à l'abri de la lumière

30 ml de cire d'abeille

•

75 ml d'huile végétale au choix

•

5 gouttes de vitamine E (facultatif)

•

30 gouttes d'huile essentielle de sapin baumier

•

30 gouttes d'huile essentielle d'épinette noire

Préparation

1. Dans un bain-marie, faire fondre la cire d'abeille dans l'huile.

2. Retirer du feu et incorporer, si désiré, la vitamine E.

3. Ajouter les huiles essentielles et bien mélanger.

4. Verser dans un contenant en verre.

Utilisation

Appliquer sur la poitrine, le dos ou sous le nez. Respirer en paix!

« Hein, un baume décongestionnant sans eucalyptus ? » Oui, l'eucalyptus est l'un des ingrédients les plus appréciés dans la fabrication de produits décongestionnants, mais sachez que les majestueux conifères qui poussent dans nos forêts fournissent des composés qui ont exactement le même rôle décongestionnant. Pourquoi chercher ailleurs quand tout ce dont on a besoin est déjà sous notre... nez ?

Psitt ! Si vous avez déjà dans votre pharmacie naturelle de l'huile essentielle de ravintsara, ajoutez-en à votre baume ! Il faudra toutefois changer les proportions pour avoir 60 gouttes d'huiles essentielles en tout, donc 20 gouttes de chaque huile essentielle.

Sirop casse-grippe et chasse-rhume

Quantité : environ 400 ml
Conservation : jusqu'à 2 mois au frigo

750 ml d'eau

•

190 ml de baies de sureau noir séchées*

•

15 ml de thym ou de plantain (ou un mélange) séché*

•

15 ml de racine de guimauve séchée (pas la guimauve à camping, là !)*

•

3 bâtons de cannelle

•

250 ml de miel non pasteurisé

Préparation

1. Dans une casserole, porter à ébullition tous les ingrédients sauf le miel.

2. Réduire à feu doux, couvrir et laisser mijoter de 40 à 45 minutes.

3. Filtrer le sirop à l'aide d'un tamis fin, d'une étamine (coton fromage) ou d'un bas de nylon (propre !).

4. Ajouter le miel une fois le mélange refroidi (pour conserver ses bienfaits).

5. Entreposer le mélange dans un contenant hermétique.

Utilisation

Prendre 1 cuillerée à soupe par jour.

* Les baies de sureau noir aident à diminuer les symptômes du rhume et de la grippe. Le thym et le plantain sont antiseptiques, tandis que la racine de guimauve et le plantain ont des propriétés adoucissantes qui calment la gorge irritée. Si vous souhaitez obtenir un sirop expectorant, ajoutez 15 ml d'hysope à votre soin.

Vous pouvez prendre ce sirop en prévention, car le sureau qu'il contient renferme beaucoup de vitamine C ! Vous pouvez aussi boire des infusions de fleurs de sureau pour remplacer le sirop.

Une autre médecine naturelle : prenez jusqu'à trois fois par jour 1 cuillère à thé de miel additionnée de deux gouttes d'huile essentielle de ravintsara.

Eau saline pour nez bouchés

Quantité : 250 ml
Conservation : 1 utilisation ou jusqu'à 1 semaine au frigo

250 ml d'eau bouillie

•

2,5 ml de sel sans iode (sel de mer)

Préparation

1. Faire bouillir suffisamment d'eau pendant 10 minutes pour qu'il en reste 250 ml.
2. Dissoudre le sel dans l'eau.
3. Laisser tempérer avant d'utiliser.

Utilisation

Employer la méthode d'irrigation de son choix (pot neti, seringue, gouttes, vaporisateur, etc.).

ATTENTION ! *Idéalement, utiliser toute la solution en un nettoyage nasal. S'il vous en reste, conserver au réfrigérateur dans un contenant stérile fermé hermétiquement, pour un maximum de 7 jours. L'usage d'une solution saline contaminée peut avoir des conséquences graves, même si les cas sont extrêmement rares. De toute façon, c'est tellement rapide et facile à faire... Jetez le tout après 1 semaine. C'est un ordre.*

Le nettoyage nasal à l'eau saline aide à décharger le mucus, ce qui fait qu'on arrive à mieux respirer et à mieux dormir. En plus, ce traitement permet d'éviter les complications, comme la sinusite, grâce aux propriétés antiseptiques de la solution au sel. Plutôt que de vous ruer à la pharmacie du coin et de payer 10 $ pour de l'eau saline dans une bouteille de plastique accompagnée d'un excès d'emballage, on vous propose de la faire vous-même et de garder vos sous. C'est probablement la recette la plus simple de notre livre, un enfant de 2 ans pourrait la faire… les deux doigts dans le nez. #tudumtchi

Huile musculaire du lynx

Quantité : 100 ml
Conservation : 6-12 mois dans un endroit sec, à l'abri de la lumière

100 ml de macérât huileux d'arnica (ou
d'huile végétale au choix)

•

30 gouttes d'huile essentielle de lavandin
super

•

30 gouttes d'huile essentielle de thé des bois

•

5 gouttes de vitamine E (facultatif)

Préparation

Verser l'huile et les huiles
essentielles dans une bouteille
en verre. Si désiré, ajouter la
vitamine E. Agiter.

Utilisation

Agiter la bouteille avant chaque
utilisation. Appliquer sur les muscles
endoloris en massant, avant le dodo
et au besoin durant la journée !

La menthe poivrée est souvent à l'honneur dans les produits contre
les douleurs musculaires, en raison de ses propriétés analgésiques. Mais
saviez-vous que le thé des bois (Gaultheria procumbens) est beaucoup
plus efficace ? Anti-inflammatoire et analgésique puissant, la gaulthérie
(son autre nom) est à privilégier. Bonus : elle sent la paparmane ! Et parce
qu'on n'a pas fini de vous surprendre, le deuxième ingrédient qui détrône
la menthe poivrée : le lavandin super (Lavandula burnatii super),
un décontractant musculaire et un antispasmodique puissant !

Baume réparateur tout usage

Quantité : 105 ml
Conservation : 6-12 mois dans un endroit sec, à l'abri de la lumière

15 ml de cire d'abeille

•

30 ml de beurre de cacao

•

30 ml de macérât huileux de consoude

•

30 ml de macérât huileux de calendula

•

10 gouttes d'huile essentielle de géranium
rosat (facultatif)

•

10 gouttes d'huile essentielle de lavande aspic
(facultatif)

•

10 gouttes d'huile essentielle de bois de hô
(facultatif)

•

5 gouttes de vitamine E (facultatif)

Préparation

1. Dans un bain-marie, faire fondre la cire et le beurre de cacao dans les macérâts.

2. Laisser refroidir quelques minutes et incorporer, si désiré, les huiles essentielles et la vitamine E.

3. Verser l'onguent dans un contenant hermétique et faire figer au frigo.

Utilisation

Appliquer en fine couche, au besoin.

ATTENTION ! *Si vous comptez utiliser l'onguent sur de jeunes enfants, il est préférable d'omettre les huiles essentielles. L'onguent sera hyper efficace quand même !*

Petites joues fragiles à protéger des grands froids ? Lèvres sèches et gercées ? Peau sèche, à problèmes ? Eczéma, urticaire, psoriasis en grand besoin de soulagement ? Foufounes de bébé irritées ? Irritations dans n'importe quel pli de bébé ? Mamelons gercés par un début d'allaitement ou une poussée de croissance fulgurante ? P'tits bobos, éraflures, rougeurs ? Notre onguent réparateur tout usage est là pour vous. Les macérations toutes douces de consoude et de calendula viendront apaiser les peaux, alors que les huiles essentielles favoriseront la cicatrisation, en plus d'être antibactériennes.

Vaporisateur Beaux Dodos

Quantité : 60 ml
Conservation : 3 mois

10 ml de vodka ou d'hydrolat d'hamamélis

•

5 gouttes d'huile essentielle de lavande officinale

•

5 gouttes d'huile essentielle de basilic ou de ravintsara

•

20 ml d'eau préalablement bouillie

Préparation

1. Dans un flacon vaporisateur en verre ou en aluminium, mettre la vodka (ou l'hydrolat d'hamamélis) et les huiles essentielles. Agiter.

2. Ajouter l'eau.

Utilisation

Agiter avant chaque utilisation. Vaporiser les oreillers et les draps de ce mélange avant d'aller faire dodo... zzz... zzz...

L'insomnie, c'est multifactoriel, et il faut souvent mettre en place différents moyens pour en venir à bout. Ce vaporisateur aux huiles essentielles pour parfumer la literie avant le coucher s'insère super bien dans une stratégie pour retrouver le sommeil, tout comme l'ajout de quelques gouttes d'huile essentielle de lavande officinale, de basilic ou de ravintsara à votre diffuseur d'huiles essentielles avant d'aller au lit. #AromathérapieMonAmour

Huile apaisante Mal de bloc*

Quantité : 10 ml
Conservation : 6-12 mois dans un endroit sec, à l'abri de la lumière

10 ml d'huile végétale au fini sec (chanvre ou jojoba)

•

4 gouttes d'huile essentielle de lavande officinale

•

2 gouttes d'huile essentielle de menthe poivrée

•

1 ou 2 gouttes de vitamine E (facultatif)

Préparation

Dans un contenant compte-goutte ou dans une fiole à bille en verre (roll-on), mettre l'huile végétale et les huiles essentielles. Ajouter la vitamine E, si désiré. Agiter et voilà !

Utilisation

Agiter avant chaque utilisation. Appliquer un peu d'huile sur les tempes et le front. Masser avec les doigts en faisant des mouvements circulaires tout en évitant d'aller trop près des yeux.

ATTENTION ! *Les huiles essentielles de lavande officinale et de menthe poivrée sont reconnues comme étant le duo de choix pour lutter contre les maux de tête ponctuels associés au stress, à la tension et à la fatigue. Évidemment, on ne parle pas ici de maux de tête insoutenables ou de migraines chroniques : dans ce cas, voyez votre médecin. Pour les femmes enceintes, il est préférable d'utiliser seulement l'huile essentielle de lavande officinale.*

Trop mal à la tête pour fabriquer cette recette ? Ajoutez quelques gouttes d'huile essentielle de lavande officinale et de pamplemousse à votre diffuseur d'huiles essentielles, et faites une petite séance de relaxation.

Références

Livres

Bideaux, Michel. *Jacques Cartier : Relations. Deuxième relation*, Montréal, Les Presses de l'Université de Montréal, 1986, p. 173.

Ehrenreich, Barbara, et Deirdre English. *Sorcières, sages-femmes et infirmières. Une histoire des femmes et de la médecine*, traduit de l'anglais par Lorraine Brown et Catherine Germain, Montréal, Les Éditions du remue-ménage, 2016.

Festy, Danièle. *Ma bible des huiles essentielles. Guide complet d'aromathérapie*, Montréal Les Éditions Caractère, 2013.

Folliard, Thierry. *Le Petit Larousse des huiles essentielles*, Paris, Larousse, 2014.

Fortin, Sylvie. *Cosmétiques non toxiques : les nouvelles recettes*, Montréal, Les Éditions La Presse, 2017.

Gladstar, Rosemary. *Cultiver et utiliser les plantes médicinales*, traduit de l'anglais par Marion Richaud, Vanves (France), Marabout, 2016.

Kun-Nipiu Falardeau, Isabelle. *Usages autochtones des plantes médicinales du Québec*, Éditions La Métisse, 2015.

Maillard, Aude, et Aroma-Zone. *Le grand guide de l'aromathérapie et des soins beauté naturels*, Paris, J'ai lu, coll. «Bien-être», 2015.

Schneider, Anny. *Je me soigne avec les plantes sauvages : les reconnaître, les cueillir et les utiliser*, Montréal, Les Éditions de l'Homme, 2011.

Articles

«Almond milk: quite good for you — very bad for the planet», *The Guardian*, 21 oct. 2015, [En ligne], https://www.thegardian.com/lifeandstyle/shortcuts/2015/oct/21/almond-milk-quite-good-for-you-very-bad-for-the-planet/

Dias-Alves, Marie. «Ce qu'il faut savoir sur l'huile de palme», *National Geographic*, [En ligne], https://www.nationalgeographic.fr/environnement/ce-quil-faut-savoir-sur-lhuile-de-palme

Pierson, David. «California farms lead the way in almond production», *LA Times*, 12 janv. 2014, [En ligne], www.latimes.com/business/la-fi-california-almonds-20140112-story.html

Plourde, Francis. «Amandes : le casse-tête californien», *La Semaine Verte*, Radio-Canada, [En ligne], https://ici.radio-canada.ca/nouvelle/763242/amandes-californie-industrie-semaine-verte

Saliba, Frédéric. «La culture de l'avocat fait des ravages», *Le Devoir*, 29 août 2016, [En ligne], https://www.ledevoir.com/societe/478733/mexique-la-culture-de-l-avocat-fait-des-ravages

Sites Internet suggérés

Aliksir huiles essentielles, https://aliksir.com/fr/

Aroma-Zone, https://www.aroma-zone.com

Les Trappeuses, www.lestrappeuses.ca

Notre boutique : www.les-mauvaisesherbes.com

Remerciements

Notre reconnaissance sans fin à toutes les belles personnes qui nous ont accompagnées, de près ou de loin, dans cette grande aventure. Vous avez été nombreuses et nombreux. Merci de croire en nous. C'est précieux d'être si bien entourées :

Florence-Léa, pour ta générosité sans borne, tes ambitions contagieuses et le feu qui t'habite ! Olivier, pour ton talent et ton intuition artistique ; ton travail extraordinaire donne à notre livre son âme. Marjorie, Karine, Audrey, Simon, Jacinthe et Martine, notre talentueuse équipe photo ; vous êtes incroyables ! Juste wow. Notre *high* a duré deux semaines, ha ! ha ! Merci énormément.

Estelle et Stéphanie, nos femmes-fleurs ; vos précieuses connaissances des plantes nous ont permis de peaufiner nos recettes. Justine et ses mains de fée, pour tes parfaites illustrations de plantes et petits doodles de nous. Nos chums Raphaël, Emmanuel (un merci tout particulier pour le titre !) et Nicholas, pour votre soutien indéfectible et pour nous avoir endurées dans les périodes de rédaction intenses. Roland, notre maître de la botanique et de l'histoire. Catherine et Natacha, pour vos conseils précieux et votre expérience. Merci tellement.

Un merci tout spécial à toutes les collaboratrices du blogue, présentes et passées. Sans vous, Les Trappeuses n'existeraient pas. Vous êtes inspirantes !

Un immense merci à Meemoza et Lait de Poule, pour le généreux prêt des magnifiques vêtements portés sur les photos. Ce fut un plaisir de porter vos créations et vos couleurs !

L'équipe des Éditions de l'Homme, pour votre confiance. Merci beaucoup.

Enfin, un ÉNORME merci à nos lectrices (et lecteurs !) qui nous suivent assidûment. Vous faites vivre notre projet. Sans vous, on ne serait pas ici en train de rédiger ces lignes.

On va arrêter ça là avant de se mettre à brailler... Ha ! ha ! Merci du fond du cœur tout le monde !

Marie, Mariane et Audrey x x x

SUIVEZ-NOUS SUR LE WEB

Consultez nos sites Internet et inscrivez-vous à l'infolettre
pour rester informé en tout temps de nos publications
et de nos concours en ligne.
Et croisez aussi vos auteurs préférés
et notre équipe sur nos blogues!

EDITIONS-HOMME.COM

EDITIONS-JOUR.COM

EDITIONS-PETITHOMME.COM

EDITIONS-LAGRIFFE.COM

RECTOVERSO-EDITEUR.COM

QUEBEC-LIVRES.COM

EDITIONS-LASEMAINE.COM

Cet ouvrage a été achevé d'imprimer sur les presses
d'Imprimerie Transcontinental, Beauceville, Canada